DES MÊMES AUTEURS

Almanach santé, Leduc.s, 2004.
Les oméga 3 au menu, Leduc.s, 2004.
100 recettes de soupes 100 % faciles, Leduc.s, 2004.
100 recettes vapeur, Leduc.s, 2004.
9 mois à table, Leduc.s, 2005.
100 nouvelles recettes anticholestérol, Leduc.s, 2005.

Ouvrages d'Anne Dufour
Aliments santé, Guide pratique, Leduc.s, 2003.
30 bons plans anti-kilos, Leduc.s, 2004.
Les 10 commandements pour bien manger, Leduc.s, 2004.

Collection « Aliments santé »
Mincir Protéines, avec Patricia Riveccio, Leduc.s, 2003.
À votre bon cœur, avec Aglaé Blin, Leduc.s, 2004.
Diabétique et gourmand, avec Minouche Pastier, Leduc.s, 2004.

Avec Danièle Festy
La révolution des oméga 3, Leduc.s, 2004.

33, rue Linné
75005 Paris – France
E-mail : infos@leduc-s.com
Web : www.leduc-s.com
ISBN : 2-84899-059-7

Achevé d'imprimer sur rotative par l'Imprimerie Darantiere à Dijon-Quetigny
en mars 2005 – Dépôt légal : mars 2005 – N° d'impression : 25-0320
Imprimé en France

ANNE DUFOUR

LAURENCE WITTNER

100 RECETTES (LÉGÈRES) AU WOK

100% CUISSON SANTÉ

LEDUC.S ÉDITIONS

Sommaire

Introduction

Si vous ne savez pas quoi offrir lors d'un prochain anniversaire, achetez un wok les yeux fermés (façon de parler : il y a des détails qui comptent), vous êtes sûr de ne pas vous tromper. Le wok est tellement à la mode qu'on pourrait bien en offrir un rien que pour la déco. Notez que ce serait dommage, car cet ustensile de cuisine magique a beau être furieusement tendance chez nous depuis une poignée de mois, il figure surtout dans la plus ancienne des cuisines chinoises, soit depuis 2000 à 3000 ans. Autant dire que les Asiatiques ont tout à nous apprendre sur cette drôle de poêle, dont la maîtrise est un art, une philosophie et même une conception de la vie.

■ JAMAIS SANS MON WOK !

À la base, le wok était une poêle au socle arrondi ; il permettait ainsi de cuire un maximum d'ingrédients avec un minimum de chaleur. Ce procédé ingénieux avait pour unique but de générer des économies dans les contrées les plus pauvres d'Asie. En Occident, le wok s'est fait nettement plus plat pour épouser les formes de… nos plaques chauffantes ! Mais l'idée reste la même : chauffer uniformément un plat unique, pour plusieurs personnes, de façon homogène, avec une utilisation optimale de l'énergie. Il faut bien dire que ce concept séduit les foules, pas forcément pour des raisons écologiques, mais parce que c'est très, très pratique, au point qu'un wok à la maison remplace quasiment tous les autres instruments de cuisson ! On connaît des possesseurs de wok qui ne partent pas en week-end ou qui n'envisagent pas une seule seconde leurs prochaines vacances sans leur précieux appareil. C'est vous dire comme on s'y attache.

■ CH. APP. POUR CUIS. RAP., ENCOMBR. MIN. SOUHAIT.

C'est là qu'on arrive à l'atout malin qui force l'admiration : avec un wok, on peut tout faire ou presque – chauffer, griller, sauter, étuver, réchauffer, frire, cuire à la vapeur, mijoter, voire même pocher ! Pour les mini-budgets et les micro-cuisines, c'est donc LE bon plan pour cuisiner. Un autre atout à noter, et non des moindres, c'est la rapidité absolument époustouflante avec laquelle on prépare des recettes très simples, cuites si vite qu'on a juste le temps de mettre le couvert. Pour les chronophages pressés que nous sommes, la promesse est alléchante. Facile, original, pratique comme tout et bien évidemment sain, sinon vous ne seriez pas en train de nous lire, le wok cumule les bons points. Il faut dire qu'avec 3000 ans d'expérience, un tel instrument ne pouvait être que souple, sage et philosophe : il se plie à tous nos désirs, nos envies, nos caprices, notre inexpérience culinaire même, avec la grâce proverbiale asiatique. Donc, à tous ceux qui cherchent un appareil pour cuisiner rapidement et de petit encombrement : le wok est la solution multicuisson. Les heureux possesseurs d'une grande cuisine ne saisissent peut-être pas à quoi on fait allusion, mais tous les autres comprennent très bien.

■ BON À TOUT FAIRE…

Derrière son apparente simplicité, le wok est redoutablement « efficace », et se transforme comme avec un coup de baguette (chinoise) magique en cuit-vapeur, en friteuse, en sauteuse, en plat à marinade… Et en plus, rien n'attache, on ne nettoie pas l'intégralité de la cuisine après la confection d'un petit plat parce qu'il n'y a pas de projections, et la phase « vaisselle » est on ne peut plus simple, on détaillera plus loin.
Un détail : rien ne vous oblige à manger chinois. Vous avez le droit de jeter au fond de votre wok tout ce qui vous passe par la tête ou presque ! Nous vous donnerons plein d'idées de recettes, mais rien ne vous empêche de remplacer un ingrédient par un autre, d'ajouter une petite touche perso, bref, de faire de la cuisine. Même ceux et celles qui ont deux mains gauches peuvent se lancer sans appréhension : ça va très bien marcher, vous verrez.

Un wok c'est quoi ?

Une sorte de poêle assez haute, conique, un peu comme une sauteuse. En chinois, cela signifie « instrument servant à cuire ». Vous voyez l'idée. On en trouve de toutes les tailles, dans tous les matériaux ou presque, à employer sur du gaz, de l'électrique ou toute autre source de chaleur. Du 100 % polyvalent.

Comment ça cuit ?

Comme on veut. En version classique, ça saisit les aliments et les enveloppe d'un fin voile d'huile : on dit qu'on les fait sauter. Mais si on pose les ingrédients sur une grille, et qu'on verse de l'eau dessous, ça cuit vapeur. Si on décide d'y laisser, au froid, de la viande ou

du poisson cru avec une « sauce », ça marine. Si on y oublie des aliments dans un petit bouillon, et qu'on vient touiller de temps à autre, ça mijote !
C'est à vous de voir. Qui c'est le chef ?

Quels sont les bénéfices majeurs ?

Le wok répond point par point à nos attentes en matière de cuisine. Il est économique, rapide et sain. Économique car avec un même instrument, on peut préparer tout ou presque, comme nous l'avons déjà expliqué. Économique encore parce que la chaleur se propage bien et uniformément, il n'y a aucune déperdition. Rapide parce que le principe de base est de découper les aliments en tout petits morceaux, qu'il s'agisse de viandes, de poissons ou de légumes, donc forcément, ça cuit vite. Rapide encore parce que son entretien est excessivement simple.
On a gardé le meilleur pour la fin : le wok est très sain, à condition de l'employer correctement et de le remplir de bons ingrédients, évidemment. Grâce à sa forme particulière, évasée, il saisit uniformément les aliments, il suffit pour cela de les remuer régulièrement. Une très fine pellicule de gras enrobe chaque petit cube de nourriture, protégeant la quasi-totalité de ses vitamines et de ses minéraux, bien à l'abri à l'intérieur. Le résultat est visible à l'œil nu : les plats préparés au wok gardent leurs couleurs d'origine, ils restent croquants et intacts. Rien ne les agresse, ce qui est rare dès que la chaleur s'en mêle.
Par ailleurs, le temps de cuisson très bref préserve les vitamines habituellement sensibles à la chaleur, ce qui est carrément rarissime !

Est-ce que c'est bon pour la ligne ?

Oui, trois fois oui ! Le recours au gras étant extrêmement faible (parfois même inexistant), le total calorique s'en trouve très réduit. Mais surtout, qui dit wok dit légumes, produits frais, vitamines, fibres, saveurs… exactement ce qu'il faut pour mincir et garder la ligne sans y penser. Aux antipodes des plats gras et/ou tout préparés, renfermant des graisses douteuses et des additifs franchement de trop, des mines de sel et de sucres cachés, etc., bref : que des ingrédients décriés par les médecins nutritionnistes. Car là est le secret d'une silhouette affinée : manger avec plaisir de bons petits plats tout simples, vite prêts, cuits le plus rapidement possibles, riches en légumes, et sans calculette à portée de main pour compter ses calories.
Il suffit d'adopter les bons réflexes « wok », fil conducteur de ce livre, pour être sûr de manger « léger ». Ne vous posez plus de question, la magie opérera toute seule.
Le wok est donc un indéniable allié minceur, sous réserve que vous ne l'utilisiez pas comme bain de friture, naturellement.

Est-ce que c'est cher / compliqué ?

À la base, le wok a été inventé pour les plus pauvres des paysans chinois. Donc il ne s'adresse nullement à l'aristocratie de la cuisine mais, bien au contraire, se plie aux budgets les plus restreints. Quant à ce que vous mettrez dedans, il n'y a pas meilleur rapport qualité/prix que des produits frais de saison, dont le talent de votre appareil de cuisson est de souligner les saveurs les plus parfumées et délicates, vous rassasiant à moindre frais. Compliqué ? Jugez vous-même : on choisit ses légumes et son poisson (ou sa viande), on coupe l'ensemble en fins bâtonnets juste avant de chauffer le wok, on jette le tout au fond de la chose, on remue avec une spatule ou une bête cuillère en bois pendant quelques minutes, et c'est prêt. C'est compliqué, ça ?

Est-ce que ça va vite ?

Oui. Plus vite que vite, c'est le principe le plus séduisant du wok, qui fournit des aliments à toute vitesse (car à haute température), encore croquants. La chaleur s'insinue entre les petits bouts de porc, de saumon, de carottes, enlace les germes de soja, les cubes de tomates, les champignons, emprisonnant chacun avant qu'il ait eu le temps de comprendre ce qui lui arrive. Le plus long, dans l'histoire, c'est la phase préparatoire : tout taillader, découper, rassembler avant le début de la cuisson.

Est-ce que c'est mieux que la vapeur ?

Ce n'est pas comparable. La vapeur est une méthode de cuisson à l'eau, douce (de température modérée), qui restitue surtout des aliments moelleux. Le wok est une technique qui fait appel au « saisissement ». La question n'a pas de sens, comme si on demandait : « est-ce que le poulet, c'est mieux que le canard ? » Les deux sont « mieux » !

Et d'ailleurs, le wok est aussi conçu pour cuire à la vapeur : il suffit de déposer les aliments non pas au fond, mais sur une grille fournie avec l'appareil (ou à acheter impérativement), de verser de l'eau au fond, de couvrir, et voilà.

Est-ce qu'on peut tout cuisiner au wok ?

Presque tout. Mais on ne peut pas rôtir, ni faire cuire de grosses pièces (un poulet entier par exemple). On ne peut pas non plus s'éloigner trop de la cuisine : ça va tellement vite !

Peut-on cuisiner français dans un wok ?

Ce n'est pas parce que le wok est, à la base, asiatique, qu'on ne peut pas faire de la bonne vieille cuisine des familles françaises dedans. N'oublions pas qu'il ne s'agit que d'un instrument, qui se plie bien volontiers à tous nos caprices. C'est pourquoi vous trouverez dans les pages suivantes des recettes 100 % hexagonales, ainsi que d'autres intégrant une indéniable touche chinoise, vietnamienne ou thaïe. Et puis rappelons-le : vous êtes le chef, donc si vous avez envie de remplacer un ingrédient par un autre, qui vous en empêchera, je vous le demande ? D'ailleurs, on vous aide, on précise comment faire à chaque fois.

Quels sont les conseils de pro pour choisir un wok ?

L'appareil doit être suffisamment lourd, par exemple en acier carbone, afin de bien conduire la chaleur ; c'est le vrai secret. Trop fin et trop bon marché, il remplira moins ses promesses. Évitez donc les plans aluminium ou acier inox, et même les woks électriques à poser sur la table, très conviviaux, c'est vrai, mais ne permettant pas une cuisine simple et agréable au quotidien. Un revêtement antiadhésif est toujours un plus.
Il faut choisir sa forme en fonction de sa cuisinière : si elle est équipée de plaques électriques, la base doit être plate. Au gaz, la forme ronde convient mieux. Et

pour la taille, mieux vaut un peu trop grand qu'un peu trop petit : plus l'appareil est vaste, mieux la chaleur se répartira. Des aliments entassés sur une petite surface cuiront moins facilement.

Comment s'entretient l'appareil ?

L'entretien du wok commence... avant de s'en servir. Étape numéro 1, préalable à toute cuisson : un dégraissage dans les règles de l'art. Les fabricants de wok enduisent d'une couche de graisse plus ou moins fine (non comestible !) leur appareil. Il est donc impératif de l'ôter, tout simplement avec une éponge et du liquide vaisselle. Ensuite, vous l'enduisez à votre tour d'huile, mais végétale celle-ci (par exemple de l'huile d'olive), et vous faites chauffer à feu doux pendant un petit quart d'heure. Essuyez bien avec un papier absorbant. Il ressort noir, c'est normal. Votre wok est prêt. Cette étape n'est pas nécessaire pour les appareils recouverts d'antiadhésif.

Par la suite, après chaque cuisson, un wok ne se lave pas : il se rince. De l'eau chaude exclusivement ! Les paresseux apprécieront. Soyez simplement vigilant lorsque vous le rangez, il doit être impeccablement sec.

100 recettes au wok

Quelques règles de base

La cuisson au wok est très rapide, on l'a dit. Quand elle est lancée, elle n'attend pas et on ne peut plus s'occuper que d'elle : tous les ingrédients doivent donc être préparés à l'avance. En général, les viandes, poissons et légumes sont coupés, émincés ou tranchés en lanières ou en tout petits morceaux, à peu près de la même taille, pour assurer une cuisson homogène. Les sauces, condiments et les épices doivent être disposés à proximité de la table de cuisson, pour être disponibles dès qu'on en a besoin.

Le wok se chauffe à sec. Ensuite, on y verse la matière grasse (huile d'olive ou d'arachide), puis quand celle-ci a atteint la bonne température, les ingrédients, ensemble ou selon l'ordre indiqué. Une fois jetés dans le wok, il faut les mélanger très souvent. Ils cuisent ainsi au même rythme et cela évite à la préparation d'attacher au fond de l'appareil. N'utilisez pour ce faire que des ustensiles en bois : vous éviterez ainsi de rayer le revêtement de votre wok…

Un soupçon d'imagination

Si vous hésitez devant le goût de la sauce soja, l'arôme du lait de coco ou la force du gingembre, si les produits typiquement asiatiques ne vous tentent pas, ne vous passez pas pour autant de votre wok. Nous vous proposons, pour chaque recette, des variantes « 100 % de chez nous », parfois de simples adaptations, parfois des préparations complètement différentes, pour que tous les palais, des plus impériaux aux plus traditionnels, s'y retrouvent…

Toutes nos recettes sont prévues pour 4 personnes.

Entrées

Botte d'asperges aux crevettes

Finesse et saveurs font plus de bien qu'un océan de mayonnaise. Cette entrée légère et délicate ne fâchera pas votre pèse-personne !

100 % de chez nous, en remplaçant : le citron vert par ½ jaune, le gingembre par du paprika

Préparation : 25 min

Marinade : 1 h

Cuisson : 20 min

Ingrédients :

- 400 g d'asperges vertes
- 100 g de crevettes grises
- 1 citron vert
- 2 oignons
- 1 petit morceau de gingembre
- 2 c. à s. d'huile d'olive
- 2 c. à s. d'huile de colza
- sel gris, poivre

Pressez le citron, râpez son zeste. Débitez 1 oignon en rondelles et l'autre en bâtonnets. Épluchez et émincez le gingembre, décortiquez les crevettes.

Dans un plat creux, versez le jus du citron avec la moitié du zeste et les rondelles d'oignons. Salez, poivrez, puis plongez-y les crevettes durant 1 h.

Coupez les asperges en tronçons. Chauffez 50 cl d'eau dans le wok. Disposez les asperges sur la grille vapeur, couvrez et laissez cuire 15 min.

Préparez une sauce en mélangeant l'huile de colza avec 2 c. à s. de marinade filtrée.

Videz le wok. Versez-y l'huile d'olive, comptez 1 min, puis jetez-y les crevettes égouttées pour les saisir 5 min.

Parsemez du reste du zeste.

Servez sur un lit d'asperges, arrosé de sauce et décoré d'oignon en bâtonnets.

Un bon coup de baguette

Les asperges vertes renferment plus de vitamines et de minéraux que leurs cousines blanches. Méfiez-vous des tiges si votre intestin est fragile : restez autour des pointes.

Bouillon aux nouilles

Un bouillon assez consistant pour se suffire à lui-même en dîner léger, simplement suivi d'un dessert… au wok ! (p. 106 et suivantes)

100 % de chez nous, en remplaçant : les nouilles de riz par du vermicelle, les germes de soja par 3 branches de céleri, le citron vert par ½ jaune, la coriandre par du persil, la sauce soja par du sel et du poivre.

Trempage : 20 min
Préparation : 20 min
Cuisson : 17 min
Ingrédients :

- 150 g de nouilles de riz
- 150 g de germes de soja
- 1 citron vert
- 4 petits oignons nouveaux
- 2 gousses d'ail
- 1 petit piment rouge
- 5 brins de coriandre
- 2 c. à s. de sucre complet
- 1 l de bouillon de volaille (voir p. 117)
- 1 c. à s. d'huile d'arachide
- 1 c. à s. de sauce soja (ou tamari)

Plongez les nouilles 20 min dans de l'eau chaude, puis égouttez-les.

Pelez l'ail et hachez-le. Épluchez les oignons et émincez-les ainsi que leur vert. Épépinez le piment puis détaillez-le en tout petits dés. Rincez les germes de soja. Pressez le citron.

Ciselez la coriandre.

Chauffez le wok. Versez-y l'huile, comptez 1 min, puis jetez-y l'ail pour 4 min. Prélevez et réservez-le.

Versez le bouillon dans le wok avec la sauce soja, le jus de citron, le piment et le sucre. Portez à ébullition, puis maintenez 10 min à frémissements.

Ajoutez les nouilles et poursuivez la cuisson 2 min.

Incorporez les germes de soja, les oignons et leur vert pour 1 min.

Répartissez dans les assiettes, parsemez d'ail et de coriandre.

Servez aussitôt.

Un bon coup de baguette

Plus il y a d'aromates et d'ingrédients « relevés » dans une préparation, moins vous avez besoin de sel et de gras pour en souligner les saveurs. Deux bons points pour la ligne et la santé.

Bouillon léger aux œufs

Une entrée légère, et végétarienne si vous préférez un bouillon de légumes (voir p. 116). Dans tous les cas, la base peut se corser, grâce à quelques épices : gingembre, piment, curry… à l'envie !

100 % de chez nous, en remplaçant : les champignons chinois par des petits blancs de Paris (sans les laisser tremper), la coriandre par du persil, la sauce soja par du sel et du poivre.

Trempage : 30 min
Préparation : 25 min
Cuisson : 10 min
Ingrédients :

- 1 l de bouillon de volaille (voir p. 117)
- 2 œufs riches en oméga 3
- 30 g de champignons chinois
- 1 botte d'oignons nouveaux
- 4 brins de coriandre
- 1 c. à s. de sucre complet
- 2 c. à s. de sauce soja (ou tamari)
- 1 c. à s. d'huile d'arachide

Plongez les champignons dans de l'eau tiède pendant 30 min, puis rincez et égouttez-les. Tranchez-les en fines lamelles.

Pelez et émincez les oignons et leur vert.

Chauffez le wok. Versez-y l'huile, comptez 1 min, puis jetez-y les oignons avec le sucre pour les laisser fondre 2 min.

Ajoutez les champignons et saisissez-les 3 min.

Mouillez de sauce soja, versez le bouillon. Portez à ébullition, puis maintenez à frémissements 4 min.

Battez les œufs en omelette, puis versez-les très doucement, en filet, dans le bouillon, en remuant à l'aide d'une fourchette pour former des filaments.

Servez sans attendre, parsemé de coriandre ciselée.

Un bon coup de baguette

Si vous ne trouvez pas d'œufs « riches en oméga 3 », achetez-les au moins bio ou Label rouge. Leur composition en acides gras est bien préférable à celle des œufs de batterie.

Complète aux vermicelles

Transparents et tellement fins, les vermicelles de soja doivent tremper 5 à 10 min avant d'être cuisinés. On les trouve en épicerie asiatique et dans de nombreuses grandes surfaces.

100 % de chez nous, en remplaçant : les vermicelles de soja par des vermicelles classiques (sans les faire tremper), le gingembre par une bonne dose de poivre ou 1 petit piment, la sauce soja par du sel.

Trempage : 10 min

Préparation : 25 min

Cuisson : 23 min

Ingrédients :

- 250 g de viande (mouton ou bœuf)
- 100 g de vermicelles de soja
- 200 g de chou frisé
- 1 poivron rouge
- 1 poivron vert
- 1 botte de d'oignons nouveaux
- 2 gousses d'ail
- 1 petit morceau de gingembre
- 1 l de bouillon de légumes (voir p. 116)
- 2 c. à. s. d'huile d'arachide
- 2 c. à. s. de sauce soja (ou tamari)

Plongez les vermicelles dans de l'eau et laissez-les tremper 10 min.

Coupez la viande en tout petits cubes. Pelez puis hachez l'ail et le gingembre. Lavez le chou, essorez puis émincez-le. Ôtez la peau des poivrons au couteau économe, épépinez et détaillez-les en fins bâtonnets. Épluchez les petits oignons.

Chauffez le wok. Versez-y l'huile, comptez 1 min, puis jetez-y l'ail et le gingembre avec la viande pour les faire revenir 3 min.

Ajoutez les légumes, et dorez-les 5 min en remuant sans arrêt.

Mouillez avec le bouillon et la sauce soja, laissez mijoter 10 min.

Terminez par les vermicelles et poursuivez la cuisson encore 5 min.

Servez sans attendre.

Un bon coup de baguette

La soupe « avec des morceaux » est un imbattable coupe-faim. Ici, vous êtes servis ! Les potages lisses, mixés, sont bien moins efficaces sur ce plan, mais vous ne les croiserez pas sur la route du wok…

Consommé au crabe

Simple et raffiné, très léger et parfumé :
un consommé pour lequel vous pouvez oublier la modération.
Présentez-le accompagné de quartiers de citrons verts.

100 % de chez nous, en remplaçant : le gingembre par 1 petit piment doux, la coriandre par du persil, la sauce soja par un peu de sel.

Préparation : 20 min

Cuisson : 18 min

Ingrédients :

- 200 g de crabe (en boîte, au naturel)
- 1 botte d'oignons nouveaux
- 1 petit morceau de gingembre
- 4 brins de coriandre
- 1 c. à s. de sucre complet
- 1 c. à s. de fécule de pomme de terre
- 1 l de bouillon de volaille (voir p. 117)
- 2 c. à s. de sauce soja (ou tamari)
- 1 c. à s. d'huile d'arachide

Pelez les oignons et émincez-les ainsi que leur vert. Épluchez le gingembre et râpez-le. Égouttez le crabe.

Chauffez le wok. Versez-y l'huile, comptez 1 min, puis jetez-y les oignons et leur vert pour les faire revenir 3 min.

Ajoutez le gingembre, saupoudrez de sucre, mouillez avec la sauce soja et remuez encore 2 min.

Versez le bouillon, portez à ébullition, puis maintenez 10 min à frémissements.

Délayez la fécule dans un peu de bouillon, puis incorporez-la dans le wok pour lier le potage (2 min).

Terminez par le crabe pour le réchauffer pendant 1 min.

Servez chaud, parsemé de coriandre ciselée.

Un bon coup de baguette

Comme tout crustacé qui se respecte, le crabe est très riche en protéines et sels minéraux, et fort pauvre en gras. Vous pouvez en user et en abuser. Soyez modéré en cas de migraine ou de crise de goutte.

Foies de wok en salade

Plus fins que leurs homologues de veau ou de génisse, les foies de volaille sont les rois des salades d'entrées consistantes. Ne prolongez pas leur cuisson et ne les faites pas attendre : ils sont meilleurs bien chauds, tendres et rosés.

100 % de chez nous !

Préparation : 15 min

Cuisson : 5 min

Ingrédients :

- 250 g de foies de volaille
- 1 chicorée
- 150 g de raisin noir
- 1 petit bouquet d'estragon
- quelques brins de ciboulette
- 1 c. à s. de farine type 110
- 2 c. à s. d'huile d'olive
- 2 c. à s. d'huile de noix
- 1 c. à s. de vinaigre de framboise
- sel gris, poivre

Lavez et essorez la salade puis détaillez-la en lanières.

Rincez le raisin et coupez ses grains en 2. Ciselez l'estragon et la ciboulette. Émulsionnez une vinaigrette avec l'huile de noix, le vinaigre, le sel et le poivre. Ajoutez les herbes.

Coupez les foies de volaille en tranches puis farinez-les.

Chauffez le wok. Versez-y l'huile d'olive, comptez 1 min, puis jetez-y les foies pour les saisir 4 à 5 min.

Salez et poivrez-les.

Répartissez la salade dans les assiettes, arrosez de vinaigrette, puis disposez les foies par-dessus et entourez-les des grains de raisins.

Servez sans attendre.

Un bon coup de baguette

Essayez toujours de vous procurer du foie bio ou au moins d'élevages respectueux de l'animal. Le foie est un organe d'élimination, qui peut donc concentrer les résidus de toxiques ingurgités par les animaux (médicaments, etc.). Autant qu'il en renferme le moins possible…

Fricassée d'œufs de cailles

1, 2 ou 3 piments ? Vous êtes juge ! À la mode équatoriale, ce plat doit être très relevé, mais sous nos latitudes ou pour être accepté des enfants, il s'apprécie aussi très bien sans aucun piquant du tout, dans sa sauce de fruits redevenue douce et sucrée.

100 % de chez nous, en remplaçant : le nuoc-mâm par du sel et du poivre.

Préparation : 10 min

Cuisson : 14 min

Ingrédients :

- 12 œufs de caille
- 1 banane
- 1 citron
- 1 piment
- 10 brins de coriandre
- 2 c. à s. de sucre complet
- 3 c. à s. d'huile d'arachide
- 1 c. à s. de nuoc-mâm

Plongez les œufs dans de l'eau bouillante pendant 7 min pour les cuire durs, puis refroidissez-les sous un filet d'eau froide et écalez-les.

Pressez le citron. Pelez la banane puis mixez-la avec le jus, le nuoc-mâm, le sucre, le piment et la coriandre pour obtenir une pâte un peu liquide. (Si elle semble trop épaisse, allongez-la d'un peu de jus de citron ou de vinaigre de riz.)

Chauffez le wok. Versez-y l'huile, comptez 1 min, puis jetez-y les œufs pour 4 à 5 min. Prélevez-les et réservez-les sur la grille vapeur.

Déposez à leur place la pâte pimentée, portez à ébullition jusqu'à obtenir la consistance d'un sirop.

Réchauffez-y les œufs pendant 1 min.

Servez-les sans attendre, nappés de leur sauce et parsemés de coriandre ciselée.

Un bon coup de baguette

Les œufs de caille présentent la même valeur nutritive que ceux de poule. Ils renferment notamment des protéines et du fer.

Huîtres vapeur

Plus besoin de se frotter au couteau à huîtres ni aux coquilles récalcitrantes : passés quelques minutes à la vapeur, ces coquillages se livrent sans combat et peuvent se déguster chauds tout en restant moelleux.

100 % de chez nous, en remplaçant : les oignons par des échalotes, la coriandre par de la ciboulette, le gingembre par du poivre, l'huile de sésame par du vinaigre.

Préparation : 10 min

Macération : 15 min

Cuisson : 5 min

Ingrédients :

- 2 douzaines d'huîtres
- 4 oignons nouveaux
- 1 bouquet de coriandre
- 1 c. à s. de gingembre
- 2 c. à s. d'huile de sésame

Épluchez et hachez les oignons, puis mélangez-les à l'huile de sésame avec le gingembre et laissez macérer 15 min.

Portez 30 cl d'eau à ébullition dans le wok. Disposez les huîtres dans un panier en bambou. Placez celui-ci sur la grille vapeur, couvrez hermétiquement et comptez 5 min de cuisson.

Débarrassez les coquillages de leur chapeau, videz leur eau, puis rangez-les dans le plat de service.

Servez-les tièdes, arrosés de sauce et parsemés de coriandre ciselée.

Un bon coup de baguette

Question apport en zinc, les huîtres sont championnes toutes catégories. Or ce minéral manque à près de 100 % d'entre nous. Une raison de plus pour céder à la gourmandise…

Moulinée de tomates

Ne tentez pas cette soupe hors saison : elle est vraiment meilleure avec des tomates fraîches, bien mûres et parfumées, et dégustée froide. Si vraiment vous la préférez chaude et réconfortante en plein hiver, utilisez plutôt une purée de tomates congelée.

100 % de chez nous, en remplaçant : le gingembre par un petit piment, la coriandre par du basilic, la sauce soja par du sel et du poivre.

Préparation : 15 min

Cuisson : 15 min

Ingrédients :

1 kg de tomates
2 oignons
2 gousses d'ail
1 petit morceau de gingembre
10 brins de coriandre
1 c. à s. de sucre complet
75 cl de bouillon de légumes (voir p. 116)
2 c. à s. d'huile d'olive
2 c. à s. de sauce soja (ou tamari)

Incisez la peau des tomates et plongez-les dans de l'eau bouillante pendant 1 min pour pouvoir les peler facilement, puis détaillez-les en petits dés.

Pelez l'ail et les oignons, épluchez le gingembre, puis hachez-le tout.

Chauffez le wok. Versez-y l'huile d'olive, comptez 1 min, puis jetez-y l'ail, l'oignon et le gingembre pour les faire revenir 5 min en mélangeant souvent.

Saupoudrez de sucre, arrosez de sauce soja et de bouillon, portez à ébullition puis maintenez 10 min à frémissements.

Passez la soupe au moulin à légumes ou au mixer.

Servez parsemé de coriandre ciselée.

Un bon coup de baguette

Le rouge des tomates s'appelle le lycopène : c'est un antioxydant remarquable, qui protège notamment le cœur et la prostate.

Œufs pochés aux champignons parfumés

Le wok, de par son grand diamètre, est l'ustensile idéal pour la cuisson des œufs pochés, que l'on peut jeter en même temps dans le liquide sans risque qu'ils se collent les uns aux autres.

100 % de chez nous, en remplaçant : les champignons chinois par des cèpes (sans les faire tremper), le vinaigre de riz par du vinaigre blanc.

Trempage : 30 min
Préparation : 15 min
Cuisson : 8 min
Ingrédients :

- 8 champignons chinois
- 100 g de mâche
- 4 œufs riches en oméga 3
- 1 tomate
- 1 bouquet de ciboulette
- 2 c. à s. de pignons de pin
- 1 c. à s. d'huile d'olive
- 3 c. à s. d'huile de colza
- 3 c. à s. de vinaigre de riz
- 2 c. à s. de vinaigre balsamique
- sel gris, poivre

Plongez les champignons dans de l'eau tiède pendant 30 min, puis rincez, égouttez et émincez-les.

Lavez la mâche, essorez-la. Coupez la tomate en quartiers. Ciselez la ciboulette. Émulsionnez l'huile de colza et le vinaigre balsamique avec du sel et du poivre.

Versez le vinaigre de riz et 1,5 l d'eau dans le wok et portez à frémissements.

Cassez les œufs dans une tasse, versez-les dans le liquide bouillant sans qu'ils se touchent pour les pocher 3 min. Prélevez-les avec une écumoire, passez-les sous l'eau fraîche et laissez refroidir.

Videz le wok. Versez-y l'huile d'olive, comptez 1 min, puis jetez-y les champignons pour les faire sauter 5 min.

Répartissez la salade dans les assiettes, puis les œufs par-dessus, entourez des champignons et des quartiers de tomate, arrosez de sauce, parsemez de ciboulette et de pignons.

Servez sans attendre.

Un bon coup de baguette

Le champignon est une drôle de « bête ». Ni vraiment végétal ni vraiment animal, ses apports nutritionnels sont eux aussi « hybrides » : protéines, fibres et minéraux en pagaille !

Rizière aux citrons

Dégustez-la très fraîche en été, tiède en automne et chaude en hiver. Tentez-la avec le jus d'une orange si vous préférez un résultat plus doux.

100 % de chez nous, en remplaçant : les citrons verts par 2 jaunes, la coriandre par du persil, le safran par du poivre blanc.

Préparation : 10 min

Cuisson : 30 min

Ingrédients :

- 100 g de riz complet
- 4 citrons verts
- 4 brins de coriandre
- 2 œufs riches en oméga 3
- 1 l de bouillon de volaille (voir p. 117)
- 1 dose de safran
- sel gris

Portez le bouillon à ébullition dans le wok.

Jetez-y le riz en pluie et laissez cuire à frémissements pendant 25 min.

Pressez les citrons. Mélangez leur jus aux jaunes d'œufs avec le safran. Allongez de quelques cuillères de bouillon chaud en mélangeant vivement.

Incorporez ce mélange à la soupe en remuant bien. Comptez encore 5 min de cuisson à feu très doux, pour lui laisser le temps d'épaissir un peu.

Servez parsemé de coriandre ciselée.

Un bon coup de baguette

Le riz complet renferme beaucoup plus de fibres et de minéraux que son homologue blanc, « classique ». Il est préférable à tous points de vue.

Salade de Saint-Jacques

La cuisson des noix de Saint-Jacques doit être très brève pour leur conserver toute leur tendreté. Elles ne nécessitent qu'un simple aller-retour au fond du wok et se gardent ensuite au chaud sur la grille vapeur, pour se servir tièdes dans l'assiette.

100 % de chez nous, en remplaçant : la citronnelle par le jus d'un citron, la sauce soja et le vinaigre de riz par du vinaigre balsamique, du sel et du poivre.

Préparation : 15 min
Cuisson : 4 min
Ingrédients :

- 16 noix de Saint-Jacques
- 200 g de roquette
- 1 poivron rouge
- 4 tiges de citronnelle
- 1 c. à s. d'huile d'olive
- 2 c. à s. d'huile de colza
- 2 c. à s. de vinaigre de riz
- 3 c. à s. de sauce soja (ou tamari)

Lavez et essuyez les noix de Saint-Jacques, puis coupez-les en 2 dans le sens de l'épaisseur.

Ôtez la peau du poivron au couteau économe, épépinez et détaillez-le en fines lanières. Ciselez la citronnelle. Lavez et essorez la roquette.

Émulsionnez le vinaigre de riz, l'huile de colza et la sauce soja.

Chauffez le wok. Versez-y l'huile d'olive, comptez 1 min, puis saisissez-y les Saint-Jacques 1 min sur chaque face. Réservez-les sur la grille vapeur, puis déposez à leur place le poivron et la citronnelle pour les faire sauter 2 min en remuant souvent.

Répartissez la salade dans les assiettes. Disposez les poivrons, puis les Saint-Jacques par-dessus, arrosez de sauce, et servez sans attendre.

Un bon coup de baguette

Les coquilles Saint-Jacques sont bicolores : d'une part le corail, rouge, d'autre part la noix, blanche. Cette dernière, qui n'est autre que du muscle, est constituée de protéines pour presque 100 %. Les fans de minceur apprécieront. Mais tous les autres aussi !

Salade de tomates sautée

La cuisine santé ne connaît pas de frontières. Universel et cosmopolite, le wok voyage et se donne ici un petit air crétois.

100 % de chez nous !

Préparation : 25 min

Cuisson : 5 min

Ingrédients :

- 250 g de tomates
- 200 g de pourpier
- 1 pomme
- 2 gousses d'ail
- 16 olives noires
- 50 g de feta
- 2 c. à s. d'huile d'olive
- 1 c. à s. d'origan
- 2 c. à s. de vinaigre balsamique
- sel gris, poivre

Incisez la peau des tomates et plongez-les dans de l'eau bouillante pendant 1 min pour pouvoir les peler facilement. Épépinez-les puis coupez-les en 8.

Lavez le pourpier, essorez-le, puis détaillez-le en lanières fines.

Rincez la pomme et détaillez-la en petits dés. Épluchez l'ail et émincez-le. Dénoyautez les olives. Débitez la feta en petits dés.

Chauffez le wok. Versez-y l'huile, comptez 1 min, puis jetez-y le pourpier, la pomme et l'ail pour les saisir pendant 4 min en remuant sans cesse.

Ajoutez alors les tomates, le sel et le poivre, mouillez avec le vinaigre et poursuivez la cuisson pendant 1 min.

Servez sans attendre, surmonté de la feta, décoré des olives et parsemé d'origan.

Un bon coup de baguette

Toutes les qualités du régime méditerranéen dans un ustensile asiatique, pour palais occidentaux. Pensez le plus souvent possible à cette salade chaude, en tous points parfaite - et si vous ne trouvez pas de pourpier, remplacez-le par de la mâche.

Soupe aux raviolis

Pour changer, préparez les raviolis avec de la volaille ou du saumon.

100 % de chez nous, en remplaçant : les pousses de bambou par du céleri, les champignons chinois (sans les faire tremper) par des cèpes ou des girolles, le gingembre par du poivre ou du piment, la sauce soja par du sel.

Trempage : 30 min

Préparation : 20 min

Cuisson : 20 min

Ingrédients :

1 l de bouillon de légumes (voir p. 116)
20 carrés de pâte à raviolis chinois
150 g de viande de porc
50 g d'épinards
20 g de pousses de bambou
8 champignons chinois
1 oignon
10 brins de ciboulette
2 œufs riches en oméga 3
½ c. à c. de cannelle
½ c. à c. d'anis vert
½ c. à c. de gingembre
1 clou de girofle
1 c. à c. de sauce soja (ou tamari)

Plongez les champignons 30 min dans de l'eau tiède, puis égouttez-les.

Lavez les feuilles d'épinards et essorez-les. Pelez et émincez l'oignon.

Chauffez le bouillon dans le wok. Plongez-y épinards et oignons avec 5 champignons et les pousses de bambou. Maintenez 10 min à ébullition.

Hachez la viande avec la ciboulette, les épices, la sauce soja et le reste des champignons.

Étalez les feuilles de raviolis. Posez 1 c. à s. de farce au centre de chacune d'elle et repliez-les, en commençant par les coins et en pressant bien pour les souder.

Incorporez ces bouchées dans la soupe et poursuivez la cuisson 10 min.

Battez les œufs en omelette puis versez-les dans le wok en fouettant.

Servez aussitôt.

Un bon coup de baguette

Les champignons sauvages sont supérieurs à ceux de Paris : ils renferment plus de composés utiles et de goût. N'allez pas les ramasser n'importe où, car ce sont aussi de vraies éponges à pollution. Site pollué = champignon toxique.

Tapas d'escargots

Il y a quand même des traditions qui ne souffrent pas d'exception, ni d'adaptation asiatique ! Les escargots sont de celles-là. Le wok permet de les respecter… tout en légèreté.

100 % de chez nous !

Préparation : 10 min

Cuisson : 12 min

Ingrédients :

- 4 douzaines d'escargots (tout prêts, au naturel)
- 4 échalotes
- 4 gousses d'ail
- 1 petit bouquet de persil
- 4 branches de thym
- 4 branches de sarriette
- 2 branches d'origan
- 30 cl de vin rouge
- 2 c. à s. de crème végétale
- 2 c. à s. d'huile d'olive
- sel gris, poivre

Hachez ensemble le persil, le thym, la sarriette et l'origan. Épluchez l'ail et les échalotes et émincez-les le plus finement possible.

Chauffez le wok. Versez-y l'huile, comptez 1 min, puis saisissez-y les escargots pendant 1 min.

Ajoutez les herbes, l'ail et les échalotes. Salez, poivrez, mouillez avec le vin rouge et laissez mijoter 5 min.

Pêchez alors les escargots et réservez-les sur la grille vapeur, puis piquez chacun d'eux sur un bâtonnet en bois.

Maintenez dans le wok une petite ébullition pendant 6 min, le temps que le liquide réduise de moitié.

Ajoutez la crème et mélangez bien.

Servez les escargots tout chauds, dans leur sauce, sur un lit de salade verte, ou en bouchées apéritives.

Un bon coup de baguette

Ne criez pas au sacrilège ! Cette préparation rend aux « cagouilles » toute leur dignité diététique et leur saveur tout à fait unique. Personne n'a jamais gravé dans le marbre que les escargots devaient surnager tant bien que mal dans le beurre fondu. Ici, bienvenue à la légèreté, à la digestion facile et aux oméga 3, l'un des grands avantages des petits mollusques fans de pluie…

Poissons et fruits de mer

Bar oriental

Une préparation simple et très parfumée pour ce poisson raffiné.
À présenter avec une Étuvée de chou (p. 91).

100 % de chez nous, en remplaçant : le gingembre par du poivre, la sauce soja par du vinaigre balsamique et du sel.

Préparation : 20 min
Cuisson : 9 min
Ingrédients :

- 600 g de filets de bar
- 2 citrons verts
- 2 gousses d'ail
- 1 petit piment rouge
- 1 petit morceau de gingembre
- 4 tiges de citronnelle
- 2 c. à s. d'huile d'arachide
- 2 c. à s. de sauce soja (ou tamari)

Coupez le poisson en dés.

Épluchez le gingembre et l'ail puis hachez-les, ciselez la citronnelle, épépinez le piment et émincez-le. Pressez les citrons, prélevez le zeste de l'un d'entre eux et détaillez-le en fines lamelles.

Chauffez le wok. Versez-y l'huile, comptez 1 min, puis jetez-y le gingembre, le piment et l'ail pour les faire revenir 2 min.

Ajoutez le poisson et dorez-le 2 min de tous côtés.

Mouillez avec la sauce soja et le jus de citron, incorporez la citronnelle et le zeste, puis poursuivez la cuisson pendant 5 min en remuant souvent.

Un bon coup de baguette

Servez une salade verte au cours du repas. Elle sera assaisonnée avec une vinaigrette à base d'huile de colza (avec éventuellement quelques gouttes d'huile d'olive), afin d'équilibrer les apports en différents acides gras de l'ensemble du repas.

Cabillaud poché au thé

Simplissime, ultra-léger et délicatement parfumé, délicieux chaud ou froid, ce cabillaud peut aussi devenir saumon, tronçon de lotte ou petit rouget entier sans changer les temps de cuisson. Si vous préférez des noix de Saint-Jacques ou des gambas, ne les laissez pocher que 5 min.

100 % de chez nous, en remplaçant : la citronnelle par un jus de citron.

Préparation : 15 min

Cuisson : 15 min

Ingrédients :

- 4 pavés de cabillaud
- 2 tiges de citronnelle
- 4 branches de menthe
- 2 doses de thé vert
- sel gris, poivre

Portez 50 cl d'eau à frémissements dans le wok. Éteignez le feu, et plongez le thé dans l'eau pour le laisser infuser 10 min, puis filtrez.

Ciselez la menthe et la citronnelle, ajoutez-les dans le thé, salez, poivrez et chauffez à nouveau.

Déposez-y le poisson, puis comptez 15 min à tout petits bouillons.

Servez le poisson égoutté.

Gardez le thé pour y faire cuire des Nouilles sautées (p. 95) ou des Nouilles thaïes aux légumes (p. 80), que vous servirez aux côtés des pavés de cabillaud.

Un bon coup de baguette

Le thé vert est une boisson exceptionnellement bénéfique pour la santé. En plus, elle accélère l'élimination, ce qui ne gâche rien. Optez pour un thé de qualité, plus riche en composés bénéfiques que les produits « bas de gamme ».

Calamars en douceur fruitée

S'ils ne sont pas préparés par votre poissonnier, nettoyez les calamars : détachez délicatement la tête du corps, coupez les viscères, retirez la partie cartilagineuse. Lavez-les enfin soigneusement sous l'eau.

100 % de chez nous !

Préparation : 20 min

Cuisson : 35 min

Ingrédients :

- 600 g de calamars
- 4 carottes
- 2 bananes
- 2 branches de céleri avec leurs feuilles
- 2 échalotes
- 1 oignon
- 10 brins de persil
- 10 cl de jus d'orange
- 1 c. à s. d'huile d'olive
- 1 c. à c. de vinaigre balsamique
- 1 c. à s. d'anis vert
- sel gris, poivre

Nettoyez les calamars. Rincez et émincez les branches de céleri, ciselez leurs feuilles avec le persil. Pelez et hachez l'oignon et les échalotes. Grattez les carottes, épluchez les bananes, puis détaillez-les en rondelles fines.

Chauffez le wok. Versez-y l'huile, comptez 1 min, jetez-y le céleri. Mélangez, couvrez et laissez suer 5 min.

Ajoutez les carottes, couvrez à nouveau et poursuivez la cuisson 10 min en remuant de temps en temps.

Incorporez les échalotes et l'oignon pour encore 5 min à couvert.

Jetez alors les calamars dans le wok, saupoudrez de l'anis, salez, poivrez, mouillez avec le jus d'orange et le vinaigre, puis laissez mijoter 10 min.

Terminez avec les bananes et la persillade pour encore 5 min.

Servez les calamars et leurs légumes, arrosés du jus de cuisson.

Un bon coup de baguette

Préparé de cette façon, le calamar n'a rien à voir avec un morceau de caoutchouc. Et s'il est bien ferme, c'est parce que ce gracieux céphalopode est un vrai monsieur muscle. Pour vous, cela se traduit en bonnes protéines dont votre corps saura quoi faire.

Crevettes sautées au miel

Si vous aimez, relevez ces crevettes d'un peu de gingembre ou d'un mélange d'épices chinoises (cannelle, poivre de Szechuan, anis étoilé, clou de girofle et gingembre).

100 % de chez nous, en remplaçant : le vinaigre de riz et la sauce soja par du vinaigre balsamique et un peu de sel.

Préparation : 15 min

Cuisson : 14 min

Ingrédients :

- 24 grosses crevettes
- 2 carottes
- 2 poivrons jaunes
- 1 bulbe de fenouil
- 4 petits oignons blancs
- 2 gousses d'ail
- 1 c. à s. de miel
- 2 c. à s. d'huile d'arachide
- 2 c. à s. de vinaigre de riz
- 2 c. à s. de sauce soja (ou tamari)

Grattez les carottes puis détaillez-les en fins bâtonnets. Rincez les poivrons, épépinez-les et débitez-les en petits carrés. Lavez le fenouil puis coupez-le en morceaux de même taille que les autres légumes. Pelez et émincez les oignons. Épluchez et hachez l'ail.

Chauffez le wok. Versez-y 1 c. à s. d'huile, comptez 1 min, puis jetez-y les crevettes et l'ail pour les faire sauter 3 min en remuant sans arrêt.

Mouillez avec le vinaigre et la sauce soja, incorporez le miel et poursuivez la cuisson pendant 1 min.

Videz le wok et réservez son contenu.

Chauffez-y le reste de l'huile pour y faire revenir les carottes et le fenouil pendant 3 min, puis ajoutez les poivrons pour 5 min en remuant souvent.

Reversez les crevettes, mélangez encore pendant 2 min et servez sans attendre.

Un bon coup de baguette

Les crevettes, encore des leaders question protéines, sont également très digestes. Elles sont souvent proposées surgelées, même chez le poissonnier. Si vous en trouvez des fraîches, vous constaterez la différence !

Curry de poissons

Mélange pouvant réunir jusqu'à une vingtaine d'épices, le curry réchauffe traditionnellement de ses arômes et de sa belle couleur jaune les plats de viande ou de poisson. Pour satisfaire tous les palais, il existe en version douce, semi-forte ou très relevée.

100 % de chez nous, en remplaçant : le gingembre par du poivre, la sauce soja par du vinaigre balsamique et du sel.

Préparation : 20 min

Cuisson : 10 min

Ingrédients :

4 filets de sole
4 filets de maquereau
100 g de haricots verts
1 poivron rouge
1 oignon
1 petit morceau de gingembre
4 brins de coriandre
3 c. à s. de farine type 110
1 c. à s. de fécule de pomme de terre
3 c. à s. d'huile d'arachide
1 c. à s. de sauce soja (ou tamari)
1 c. à s. de curry

Rincez les filets de poisson, séchez-les soigneusement. Coupez-les en tronçons, puis enrobez-les de farine.

Pelez et émincez l'oignon. Rincez le poivron, ôtez sa peau au couteau économe, épépinez puis détaillez-le en fines lanières. Épluchez le gingembre et tranchez-le en fines rondelles.

Mélangez le curry et la fécule, puis délayez-les avec 25 cl d'eau et la sauce soja.

Chauffez le wok. Versez-y l'huile, comptez 1 min, puis jetez-y les poissons pour 4 à 5 min en remuant très souvent. Prélevez-les et réservez-les sur la grille vapeur.

Remplacez-les par l'oignon, le poivron et le gingembre pour 3 min. Ajoutez la sauce, portez à ébullition et réchauffez-y le poisson 2 min.

Servez parsemé de coriandre ciselée.

Un bon coup de baguette

La sole est un poisson maigre, le maquereau est gras (c'est-à-dire riche en ces célèbres oméga 3) : vous êtes dans le sans-faute diététique. Servez une petite salade verte arrosée d'huile d'olive, pour équilibrer tous les acides gras de votre menu.

Encornets en sauce tomate

Les encornets frais peuvent paraître un peu longs et délicats à préparer : il faut arracher le cartilage, vider le mollusque puis laver la poche d'encre en la passant sous l'eau et enfin retirer la peau. On peut se simplifier la vie en les choisissant surgelés…

100 % de chez nous !

Préparation : 20 min

Cuisson : 21 min

Ingrédients :

- 600 g d'encornets
- 500 g de tomates
- 100 g d'olives
- 2 oignons
- 4 gousses d'ail
- 1 bouquet d'aneth
- 50 cl de bouillon de volaille (voir p. 117)
- 3 c. à s. d'huile d'olive
- sel gris, poivre

Incisez la peau des tomates, plongez-les dans de l'eau bouillante salée pendant 1 min pour pouvoir les peler facilement, puis épépinez et concassez-les. Dénoyautez les olives. Hachez l'aneth. Pelez et émincez les oignons et l'ail.

Lavez les encornets et séchez-les soigneusement.

Chauffez le wok. Versez-y l'huile, comptez 1 min, puis jetez-y l'oignon et l'ail pour les faire revenir 3 min.

Ajoutez les encornets et laissez-les sauter 3 min.

Incorporez les tomates, l'aneth et les olives. Mélangez bien, poivrez, puis mouillez avec le bouillon et maintenez à frémissements 15 min. Salez 5 min avant la fin de la cuisson.

Servez sans attendre.

Un bon coup de baguette

Même famille que le calamar, mêmes avantages… Ce plat bien équilibré aux parfums méditerranéens ne souffre aucune autre huile pour sa préparation. C'est olive ou rien !

Langouste des îles

La langouste se prête particulièrement bien à des préparations aux saveurs exotiques. « Chez nous » ne veut pas seulement dire métropolitain !

100 % de chez nous, en remplaçant : les mangues par 4 pêches, les citrons verts par 1 jaune, la coriandre par du basilic.

Préparation : 25 min

Cuisson : 20 min

Ingrédients :

- 2 queues de langoustes
- 2 mangues
- 2 poivrons rouges
- 2 citrons verts
- 1 petit piment
- 1 oignon
- 2 gousses d'ail
- 10 brins de coriandre
- 2 c. à s. de sucre complet
- 1 c. à s. d'huile d'arachide
- sel gris, poivre

Pressez les citrons. Décortiquez les queues de langouste, puis coupez-les en tronçons pas trop gros.

Ôtez la peau des poivrons et du piment au couteau économe, puis épépinez et émincez-les. Épluchez les mangues, débarrassez-les de leurs noyaux puis détaillez-les en lamelles fines. Pelez l'ail et l'oignon puis hachez-les.

Chauffez le wok. Versez-y l'huile, comptez 1 min, puis jetez-y les morceaux de langouste et mouillez avec le jus des citrons. Mélangez pendant 5 min puis ajoutez l'ail et l'oignon pour 5 min encore en remuant souvent.

Incorporez les poivrons, le piment et les mangues, salez, poivrez, saupoudrez du sucre puis laissez sauter 10 min en mélangeant de temps en temps.

Servez bien chaud, parsemé de coriandre ciselée.

Un bon coup de baguette

Pensez toujours que plus les fruits sont colorés, plus ils regorgent de composés protecteurs pour la santé. De ce point de vue, la mangue est préférable à la pêche, et la pêche jaune (ou celle des vignes) à la blanche !

Langoustines très choux

Qui n'a jamais goûté un chou simplement sauté au wok ne connaît pas son bonheur. En deux coups de cuillère en bois, ce légume prend une toute autre saveur. Surmonté de quelques langoustines, on atteint le nirvana… chinois.

100 % de chez nous, en remplaçant : le pak choï par un chou vert, les graines de sésame par des pignons de pin, la sauce soja par du vinaigre balsamique et du sel.

Préparation : 20 min

Cuisson : 12 min

Ingrédients :

- 8 langoustines
- 4 têtes de brocolis
- 1 petit chou chinois (pak choï)
- 2 c. à s. de graines de sésame
- 1 c. à s. d'huile d'olive
- 2 c. à s. de sauce soja (ou tamari)
- 1 c. à s. de cumin
- sel gris

Décortiquez les langoustines.

Détaillez les brocolis en petits bouquets. Émincez le chou en lanières fines.

Portez une grande quantité d'eau salée à ébullition dans le wok pour les blanchir pendant 5 min, puis égouttez-les.

Videz le wok, versez-y l'huile d'olive, comptez 1 min, puis jetez-y les langoustines pour les saisir 5 min de tous côtés. Prélevez et réservez-les sur la grille vapeur.

Déposez les choux à leur place, saupoudrez de cumin, et laissez sauter pendant 5 min en remuant souvent.

Mouillez avec la sauce soja et poursuivez la cuisson 2 min.

Répartissez les choux dans les assiettes. Disposez les langoustines par-dessus.

Servez chaud, parsemé des graines de sésame.

Un bon coup de baguette

Toute la famille des choux regorge de vitamines et de minéraux, de fibres et de substances santé diverses. Par exemple, c'est l'une des meilleures sources de calcium, vous le saviez ?

Lotte au gingembre

Savoureuse et dépourvue d'arêtes, la lotte offre une chair blanche, ferme et tendre à la fois, qui se prête avec bonheur aux mariages salés-sucrés ou comme ici, bien épicés.

100 % de chez nous, en remplaçant : les citrons verts par 1 jaune, le gingembre par du piment.

Préparation : 25 min
Marinade : 20 min
Cuisson : 10 min
Ingrédients :

- 600 g de lotte
- 4 branches de céleri
- 2 citrons verts
- 2 oignons
- 4 gousses d'ail
- 1 petit morceau de gingembre
- 1 c. à c. de sucre complet
- 2 c. à s. de vin blanc sec
- 3 c. à s. d'huile d'olive
- sel gris, poivre

Coupez la lotte en tronçons.

Épluchez et râpez le gingembre. Pressez les citrons, mélangez leur jus avec 1 c. à s. d'huile, le gingembre et du sel. Arrosez le poisson de cette préparation et laissez mariner 20 min.

Lavez le céleri, ciselez ses feuilles, émincez ses côtes. Pelez les oignons et l'ail puis hachez-les.

Chauffez le wok. Versez-y le reste de l'huile, comptez 1 min, et jetez-y la lotte pour 3 min en la retournant souvent.

Réservez les morceaux de poisson sur la grille vapeur, remplacez-les par les oignons et l'ail et remuez-les 2 min.

Ajoutez le céleri et ses feuilles, poursuivez la cuisson 3 min.

Mélangez alors tout le contenu du wok avec le poisson, salez, poivrez, saupoudrez de sucre, mouillez avec le vin blanc et la marinade. Comptez encore 2 min et servez chaud.

Un bon coup de baguette

La lotte est aussi vilaine à regarder que réputée pour sa fine saveur. Sa chair, très compacte, réclame un temps de cuisson un peu plus long que la moyenne ; elle est donc une parfaite candidate à la marinade suivie d'un passage au wok. À vous protéines, minéraux et vitamines B !

Mouclade fraîche

Façon originale d'aborder la traditionnelle mouclade : succès assuré !

100 % de chez nous !

Préparation : 30 min

Cuisson : 12 min

Ingrédients :

- 1 kg de moules
- 1 petit chou frisé
- 1 tomate
- 1 oignon
- 1 citron
- quelques branches de ciboulette
- 10 cl de crème végétale
- 2 c. à s. d'huile d'olive
- 1 c. à c. d'origan
- 1 c. à s. de curry
- baies roses
- sel gris, poivre

Lavez et grattez les moules. Détaillez le chou en lanières. Pelez et émincez l'oignon, coupez la tomate en dés. Concassez les baies roses, ciselez la ciboulette. Pressez le citron.

Chauffez le wok. Versez-y l'huile, comptez 1 min, puis jetez-y les légumes avec les baies et la ciboulette, pour les faire sauter pendant 6 min.

Videz le wok, réservez les légumes.

Versez le jus du citron dans le wok avec 10 cl d'eau, l'origan, le curry, un peu de sel, une bonne dose de poivre et les moules. Laissez-les s'ouvrir environ 5 min à feu vif en remuant de temps en temps, puis égouttez-les, décoquillez et gardez-les au frais.

Filtrez leur fond de cuisson. Portez-le à ébullition pour le réduire de moitié, puis attendez qu'il soit refroidi.

Ajoutez-y alors la crème et fouettez 1 min pour obtenir un mélange lisse.

Versez sur les légumes, surmontez des moules et arrosez de sauce.

Servez frais.

Un bon coup de baguette

Pour les papilles, la crème végétale ressemble à la crème fraîche. Mais son profil nutritionnel est meilleur pour la santé. Cherchez la marque qui vous convient le mieux et prenez l'habitude de l'employer (à petites doses tout de même !).

Moules en risotto

*Une façon un peu détournée d'utiliser un wok…
et la preuve pleine de saveur que cet instrument magique
se prête à toutes les préparations !*

100 % de chez nous !

Préparation : 15 min

Cuisson : 1 h

Ingrédients :

- 1 l de moules
- 300 g de riz complet
- 2 gousses d'ail
- 1 échalote
- 5 brins de persil
- 50 g de parmesan
- 15 cl de vin blanc sec
- 4 c. à s. d'huile d'olive
- sel gris, poivre

Nettoyez les moules. Pelez l'ail et l'échalote puis émincez-les.

Chauffez le wok. Versez-y 2 c. à s. d'huile, comptez 1 min, puis jetez-y les moules pour les laisser s'ouvrir à feu vif (5 min environ). Prélevez et décoquillez-les. Videz le wok.

Portez 75 cl d'eau à frémissements dans une casserole.

Chauffez le reste de l'huile dans le wok pour y faire fondre l'ail et l'échalote pendant 2 min. Ajoutez le riz, salez, poivrez, mélangez bien, puis mouillez avec le vin blanc.

Quand tout liquide a disparu (5 à 7 min), versez peu à peu l'eau chaude, en la laissant s'évaporer totalement à chaque fois, jusqu'à ce que le riz soit tendre (30 à 40 min).

Incorporez alors les moules et le parmesan, et terminez la cuisson en 5 min.

Servez parsemé de persil ciselé.

Un bon coup de baguette

Le riz contient moins de protéines que les autres céréales, mais elles sont de meilleure qualité et plus digestes. Complet (appelé aussi « brun » ou « cargo »), il remplace avantageusement le riz blanc, très pauvre en minéraux et en fibres.

Pétoncles en croquant d'endives

La légère amertume des endives enrobée de l'onctuosité du miel et du doux parfum de l'orange, pour mettre en valeur quelques noix délicates. Un mariage heureux de la terre, de la mer et du soleil…

100 % de chez nous !

Préparation : 10 min

Cuisson : 14 min

Ingrédients :

- 16 noix de pétoncles
- 6 endives
- 1 orange
- 2 c. à s. de pignons de pin
- 30 cl de crème végétale
- 1 c. à c. de sucre complet
- 1 c. à s. de miel
- 1 c. à s. d'eau de fleur d'oranger
- 2 c. à s. d'huile d'arachide
- sel gris, poivre

Pressez l'orange. Coupez les endives en rondelles. Rincez et épongez les noix de pétoncles.

Chauffez le wok. Versez-y l'huile, comptez 1 min, puis jetez-y les pétoncles pour les saisir 1 min sur chaque face. Salez et poivrez, puis réservez-les sur la grille vapeur.

Déposez les endives à leur place, couvrez et laissez étuver 5 min. Saupoudrez de sucre, ajoutez la crème, salez, poivrez et poursuivez la cuisson pendant 5 min en remuant souvent.

Mélangez alors pétoncles et endives, mouillez avec le jus d'orange et l'eau de fleur d'oranger. Terminez par le miel, juste le temps qu'il fonde.

Servez parsemé des pignons et arrosé de sauce.

Un bon coup de baguette

L'endive est le moins calorique de tous les légumes. Et en plus, elle apporte des fibres douces et de la vitamine B9, précieuse parmi les précieuses, surtout pour les femmes. Alors ?

Rougets piquants

Festival de saveurs pour accompagner ces petits poissons subtils.

100 % de chez nous, en remplaçant : la sauce soja par du sel et du poivre, le gingembre et la cardamome par du piment en poudre.

Préparation : 30 min
Marinade : 30 min
Cuisson : 10 min
Ingrédients :

600 g de filets de rouget
600 g de tomates
100 g de petits pois
3 carottes
2 oignons
1 citron
2 œufs riches en oméga 3
2 c. à s. de fécule de pomme de terre
3 c. à s. d'huile d'olive
2 c. à s. de vinaigre
2 c. à s. de sauce soja (ou tamari)
1 clou de girofle
1 c. à c. de cannelle
1 c. à c. de cardamome
1 c. à c. de gingembre
1 c. à c. de réglisse
1 c. à c. d'anis vert

Coupez les filets de rouget en dés. Pressez le citron, puis versez son jus sur le poisson avec la sauce soja et le vinaigre. Laissez mariner 30 min.

Incisez la peau des tomates et plongez-les 1 min dans de l'eau bouillante pour pouvoir les peler, puis mixez-les.

Écossez les petits pois, grattez les carottes et détaillez-les en cubes, pelez les oignons et émincez-les finement. Écrasez le clou de girofle puis mêlez cette poudre aux épices. Battez les œufs puis incorporez-y la fécule.

Chauffez le wok. Versez-y l'huile, comptez 1 min, puis jetez-y les dés de poisson pour les faire sauter 2 min à feu vif. Saupoudrez des épices, versez les œufs en mélangeant vivement, puis poursuivez la cuisson 3 min sans cesser de remuer.

Ajoutez les légumes, mouillez avec la marinade, terminez par les tomates. Saisissez le tout pendant 5 min.

Servez sans attendre.

Un bon coup de baguette

Les épices et les fines herbes sont toutes des gisements d'antioxydants, de vitamines pour les unes et de minéraux pour les autres. Avec cette recette, vous êtes gâté !

Safranée de la mer

Si vous êtes un peu pressé, remplacez les tomates par un coulis tout prêt, mais de préférence tout à fait naturel, ni salé ni sucré !

100 % de chez nous !

Préparation : 30 min

Cuisson : 18 min

Ingrédients :

- 800 g de lotte
- 500 g de moules
- 400 g de grosses crevettes
- 400 g de calamars
- 400 g de tomates
- 1 poivron vert
- 2 oignons
- 2 gousses d'ail
- 5 cl de vin blanc
- 3 c. à s. d'huile d'olive
- 2 doses de safran
- sel gris, poivre

Nettoyez les moules. Rincez les calamars. Étêtez et décortiquez les crevettes. Coupez la lotte en tronçons pas trop gros. Ôtez la peau du poivron au couteau économe, épépinez et détaillez-le en lanières. Pelez l'ail et les oignons puis hachez-les.

Incisez la peau des tomates, plongez-les 1 min dans une casserole d'eau bouillante, pelez et concassez-les.

Chauffez le wok. Versez-y le vin blanc avec du poivre, puis les moules pour les ouvrir à feu vif (5 min environ). Prélevez-les et décoquillez-les.

Déposez l'ail et l'oignon à leur place pour les laisser fondre 3 min. Ajoutez les crevettes pour 1 min, puis la lotte, les calamars et le poivron, arrosez de l'huile et comptez 3 min de cuisson.

Incorporez les tomates, 15 cl d'eau, le safran, du sel et du poivre, et laissez réduire 10 min à frémissements.

Réchauffez les moules dans la sauce 1 min et servez sans attendre.

Un bon coup de baguette

Si le safran que vous trouvez n'est pas cher, ce n'est pas du safran. Vérifiez qu'il est « jeune » (pas d'odeur amère), qu'il colore bien la préparation de jaune orangé. Alors, vous pouvez tabler sur ses propriétés digestives et antioxydantes. Sinon…

Saint-Jacques en sauté chaud

Pas de Saint-Jacques fraîches chez votre poissonnier ? Rabattez-vous sur le surgelé ! Mais décongelez les noix à température ambiante dans du lait (de soja ou d'amande) : vous ne sentirez pas la différence.

100 % de chez nous !

Préparation : 25 min

Cuisson : 25 min

Ingrédients :

- 12 noix de Saint-Jacques
- 300 g de champignons
- 4 carottes
- 4 oignons
- 4 poireaux
- 1 c. à c. de moutarde
- 10 cl de bouillon de légumes (voir p. 116)
- 3 c. à s. d'huile d'olive
- 2 c. à s. d'huile de colza
- 1 c. à s. de vinaigre balsamique
- sel gris, poivre

Grattez les carottes, rincez les poireaux, nettoyez les champignons, pelez les oignons puis coupez-les tous en petits dés.

Chauffez le wok. Versez-y 2 c. à s. d'huile d'olive, comptez 1 min, puis jetez-y les légumes, couvrez et laissez suer doucement 15 min en remuant souvent. Mouillez peu à peu avec un fond de bouillon pour éviter que le mélange attache.

Délayez la moutarde dans le vinaigre, puis émulsionnez avec le reste de l'huile d'olive et celle de colza, du sel et du poivre.

Ôtez le couvercle du wok et poursuivez la cuisson 5 min à feu vif.

Écartez alors les légumes sur les côtés, déposez les Saint-Jacques au centre pour les laisser sauter 2 min de chaque côté.

Servez les noix et les légumes chauds, arrosés de vinaigrette.

Un bon coup de baguette

Un petit bijou de perfection, tant pour les papilles que pour vos petites cellules, qui ne demandent qu'à bénéficier des bonnes protéines, des bons gras, de toutes les vitamines et des minéraux, à profusion ici. Régalez-vous !

Sauté de saumon

Léger, léger ! Surtout si vous l'accompagnez d'une simple salade de mâche. Pour les appétits plus solides, prévoyez plutôt un Riz aux noix (p. 101).

100 % de chez nous, en remplaçant : le gingembre par du poivre, le vinaigre de riz par du vinaigre balsamique, la sauce soja par du sel.

Préparation : 15 min

Cuisson : 10 min

Ingrédients :

- 600 g de saumon
- 1 concombre
- 8 petits oignons nouveaux
- 2 gousses d'ail
- 1 petit morceau de gingembre
- 4 c. à s. d'huile d'arachide
- 1 c. à s. de vinaigre de riz
- 2 c. à s. de sauce soja (ou tamari)

Rincez le concombre et détaillez-le en petits bâtonnets. Épluchez les oignons et tranchez-les en rondelles. Coupez le poisson en cubes d'environ 1 cm. Pelez le gingembre et l'ail et émincez-les très finement.

Chauffez le wok. Versez-y l'huile, comptez 1 min, puis jetez-y le poisson pour le faire sauter à feu vif pendant 5 min.

Salez, poivrez, ajoutez les oignons et le concombre, puis poursuivez la cuisson 2 min en remuant bien. Mouillez avec la sauce soja et le vinaigre, incorporez l'ail et le gingembre, et mélangez encore 3 min.

Servez chaud.

Un bon coup de baguette

Un saumon élevé dans une ferme aquacole (on dit comme ça) de qualité, c'est oui. Une pauvre chose issue d'un élevage de batterie, sans saveur ni oméga 3 (un comble pour du saumon !), certes pas cher mais encore bien trop onéreux pour ce que c'est, c'est non. En clair, du « bon » saumon coûte forcément un petit peu plus cher, mais c'est pour la bonne cause : la vôtre.

Tartare de saumon cuit

Les tartares cuits sont tendance et figurent aux tables des meilleurs restaurants. Au-delà de l'effet de mode, le procédé a son intérêt pour tous ceux qui hésitent devant le poisson cru : un simple aller-retour au fond du wok permet de saisir le poisson sans le cuire complètement.

100 % de chez nous, en remplaçant : les 3 citrons verts par 2 jaunes, la coriandre par du persil, les graines de sésame par des noix finement concassées.

Préparation : 20 min
Marinade : 30 min
Cuisson : 4 min
Ingrédients :

- 600 g de pavés de saumon
- 3 citrons verts
- 1 pomme verte
- 2 échalotes
- 1 petit bouquet de coriandre
- 3 c. à s. de graines de sésame
- 3 c. à s. d'huile d'arachide
- sel gris, poivre

Pressez les citrons. Ciselez la coriandre le plus finement possible.
Détaillez la pomme en tout petits dés et citronnez-les.
Coupez le poisson en cubes de 0,5 cm de côté et arrosez-les du reste du jus de citron.
Réunissez-les ensuite dans un saladier avec la pomme et la coriandre, salez, poivrez, mélangez bien, puis couvrez d'un film alimentaire et réservez au frais pendant 30 min.
Pelez et hachez les échalotes.
Chauffez le wok. Versez-y l'huile, comptez 1 min, puis jetez-y les échalotes pour 2 min. Ajoutez le poisson et sa marinade, et mélangez sans arrêt pendant 2 min.
Servez tiède, parsemé de graines de sésame.

Un bon coup de baguette

Qui dit saumon dit oméga 3, donc fragilité à la chaleur. Ici, aucun risque : cru ou presque, notre poisson vedette nous fournit en gras protecteur, sans détérioration aucune. En passant quelques poignées de secondes à feu vif, on améliore en outre l'assimilation des protéines. Merci le wok !

Truite de mer aux pamplemousses roses

Une légère touche aigre-douce pour faire honneur à la tradition du wok, sans heurter les palais délicats.

100 % de chez nous !

Préparation : 15 min
Marinade : 15 min
Cuisson : 20 min
Ingrédients :

- 8 filets de truite
- 1 pamplemousse rose
- 500 g d'oignons
- quelques branches de thym
- 3 feuilles de laurier
- 50 cl de jus de pamplemousse
- 1 c. à c. de miel
- 10 cl de vin blanc sec
- 2 c. à s. d'huile d'arachide
- 2 c. à s. de vinaigre balsamique
- sel gris, poivre

Coupez les filets de poissons en morceaux. Épluchez le pamplemousse puis séparez ses quartiers.

Versez 30 cl de jus de pamplemousse dans le wok avec le vin blanc, le thym et le laurier, du sel et du poivre. Plongez-y le poisson, portez à ébullition pour 5 min, puis transvasez le contenu du wok dans un saladier et laissez mariner 15 min.

Prélevez 2 louches de fond de cuisson, ajoutez-y le vinaigre et le miel.

Pelez et émincez les oignons.

Versez l'huile dans le wok, comptez 1 min, puis jetez-y les oignons pour les faire fondre 5 min.

Mouillez avec 20 cl de jus de pamplemousse et maintenez 10 minutes à frémissements jusqu'à ce que tout le liquide soit évaporé.

Répartissez les oignons dans les assiettes, posez les morceaux de truite par-dessus, décorez de quartiers de pamplemousse, arrosez de sauce au miel et servez aussitôt.

Un bon coup de baguette

Rappelez-vous la « règle » des fruits : plus ils sont colorés, mieux ça vaut. Un pamplemousse rose est donc non seulement plus doux mais aussi mieux pourvu en substances santé qu'un jaune.

Volailles

Aiguillettes d'oie en croquant de légumes

Viande fondante, légumes tendrement fermes,
un mariage de textures et de saveurs des plus heureux.

100 % de chez nous, en remplaçant : la citronnelle par de l'estragon, la coriandre par du persil.

Préparation : 20 min

Cuisson : 10 min

Ingrédients :

- 600 g d'aiguillettes d'oie
- 3 pommes de terre
- 2 carottes
- 2 courgettes
- 1 bulbe de fenouil
- 2 oignons
- 2 gousses d'ail
- 5 tiges de citronnelle
- 3 brins de coriandre
- 1 c. à s. d'huile d'arachide
- sel gris, poivre

Grattez les carottes, rincez les courgettes, épluchez les pommes de terre et les oignons, nettoyez le fenouil, puis détaillez tous ces légumes en fins bâtonnets.

Ciselez la citronnelle. Pelez et hachez l'ail. Émincez les aiguillettes d'oie.

Chauffez le wok. Versez-y l'huile, comptez 1 min, puis jetez-y les bâtonnets de légumes pour les laisser sauter pendant 5 min.

Repoussez-les sur les côtés, puis déposez la citronnelle et l'ail au fond du wok pour les faire revenir 2 min. Ajoutez la viande, dorez-la 2 min puis mélangez tout le contenu de l'appareil, salez, poivrez et remuez encore pendant 1 min.

Servez parsemé de coriandre ciselée.

Un bon coup de baguette

L'oie est la plus grasse des volailles. MAIS ses graisses sont les mêmes que celles de l'huile d'olive, c'est-à-dire très bénéfiques pour la santé. Donc, tout va bien : ne la remplacez pas, de grâce, par une volaille plus maigre sous prétexte de…

Cailles aux raisins

Pour un repas léger, servez ces cailles avec des Poireaux en effilochée (p. 97). Pour un plat plus consistant, prévoyez plutôt des Nouilles thaïes aux légumes (p. 80).

100 % de chez nous !

Préparation : 30 min

Cuisson : 8 min

Ingrédients :

- 6 cailles
- 4 échalotes
- 200 g de raisins secs
- 10 cerneaux de noix
- 1 c. à c. de fécule de pomme de terre
- 1 dose de thé vert
- 2 c. à s. d'huile d'olive
- 1 c. à c. de cannelle
- sel gris, poivre

Portez 25 cl d'eau à frémissements, puis hors du feu, jetez-y le thé et laissez infuser pendant 5 min.

Filtrez, puis plongez-y les raisins pour les laisser gonfler 10 min.

Mixez les noix. Pelez et hachez les échalotes.

Prélevez les filets des cailles et leurs cuisses (comme vous feriez pour découper un poulet).

Chauffez le wok. Versez-y l'huile, comptez 1 min, puis jetez-y les échalotes et les noix pour les faire revenir 2 min.

Ajoutez la viande pour la saisir de tous côtés pendant 2 min.

Salez, poivrez, saupoudrez de cannelle, puis versez les raisins et leur thé. Portez à ébullition.

Délayez la fécule dans un peu de jus de cuisson puis incorporez-la dans le wok, et poursuivez la cuisson 2 min.

Servez la viande entourée des raisins, nappée de la sauce.

Un bon coup de baguette

À l'origine, la caille est considérée comme gibier, mais elle provient aujourd'hui surtout d'élevage, ce qui peut amoindrir ses qualités nutritionnelles. Elle reste cependant dans la catégorie des volailles, donc recommandable.

Canard à l'orange

Saveurs intenses, légumes croquants et canard fondant : une préparation qui permet d'apprécier cette viande, sans son manteau de graisse, mais pourtant incroyablement tendre.

100 % de chez nous, en remplaçant : la sauce soja par 1 c. à c. de moutarde et un peu de sel, le gingembre par une bonne dose de poivre.

Préparation : 25 min
Cuisson : 30 min
Ingrédients :

4 cuisses de canard
4 poireaux
2 carottes
2 oranges
4 échalotes
2 c. à s. d'huile d'arachide
2 c. à s. de sauce soja (ou tamari)
1 c. à c. de cannelle
1 c. à c. d'anis étoilé
1 clou de girofle
1 c. à c. de gingembre

Débarrassez les cuisses de canard de leur peau puis posez-les dans le wok. Couvrez d'eau à hauteur, portez à ébullition, laissez mijoter 15 min à couvert, puis égouttez la viande et jetez l'eau.

Pressez les oranges et prélevez leur zeste. Pelez et émincez les échalotes. Grattez les carottes, lavez les poireaux, puis détaillez-les en fins bâtonnets.

Chauffez le wok. Versez-y l'huile, comptez 1 min, puis dorez-y la viande de tous côtés pendant 2 min.

Ajoutez les légumes pour les saisir 3 min. Complétez avec les zestes, le jus des oranges, la sauce soja et les épices. Couvrez et laissez fondre pendant 10 min.

Prélevez les zestes et servez bien chaud.

Un bon coup de baguette

Malgré l'engouement croissant que suscite le canard, son élevage reste globalement assez artisanal : respecter les besoins de l'animal, c'est proposer en final une viande de qualité. Celle de ce volatile obtient de très bonnes notes au score nutritionnel. Allez-y !

Canard en vapeur de thé

On ne peut plus simple, plus tendre, plus parfumé…
Un délice raffiné à accompagner simplement d'un riz nature arrosé d'un peu de thé de cuisson ou d'un Riz aux noix (p. 101) dont les épices s'accordent parfaitement avec celles de ce canard.

100 % de chez nous, en remplaçant : le cardamome et le cumin par du paprika et de la muscade.

Préparation : 5 min
Marinade : 15 min
Cuisson : 12 min
Ingrédients :

- 4 filets de canard
- 1 bouquet de ciboulette
- 2 doses de thé vert
- 4 c. à s. de sucre complet
- 2 c. à s. d'huile d'olive
- 1 c. à c. de cardamome
- 1 c. à c. de coriandre
- 1 c. à c. de cumin
- 1 c. à c. de cannelle
- 1 c. à c. d'anis vert
- 1 pointe de piment
- 2 clous de girofle
- sel gris, poivre

Dans un bol, mêlez les poudres de cardamome, coriandre, cumin, cannelle, anis et piment avec les clous de girofle écrasés, du sel et du poivre, puis diluez-les dans l'huile d'olive.

Badigeonnez les filets de canard de cette préparation, puis laissez-les mariner 15 min.

Chauffez le wok. Versez-y 50 cl d'eau avec le thé et le sucre, puis portez à ébullition.

Disposez les filets sur la grille vapeur, couvrez hermétiquement et comptez 12 min de cuisson.

Servez arrosé d'un peu de thé parfumé et parsemé de ciboulette ciselée.

Un bon coup de baguette

La ciboulette est meilleure lorsque ses tiges sont fines et jeunes. À condition de l'ajouter au tout dernier moment sur le plat, on bénéficie de sa remarquable richesse en vitamine C. Elle apporte aussi des carotènes, tout aussi utiles.

Dinde à l'indienne

Pour ceux qui aiment les saveurs salées-sucrées…

100 % de chez nous, en remplaçant : la noix de coco et le lait par 50 cl de bouillon de volaille, les cajou par des noix, le curry par du piment.

Trempage : 20 min
Préparation : 30 min
Cuisson : 23 min
Ingrédients :

- 600 g de blanc de dinde
- 200 g de carottes
- 100 g de noix de coco
- 1 petit ananas
- 1 banane
- 1 piment
- 1 citron
- 3 oignons
- 3 gousses d'ail
- 100 g de noix de cajou
- 30 cl de bouillon de volaille (voir p. 117)
- 50 cl de lait d'amande
- 2 c. à s. d'huile d'arachide
- 1 c. à s. de curry
- 1 c. à s. de paprika
- sel gris, poivre

Plongez la noix de coco dans le lait et laissez-la tremper 20 min.

Grattez les carottes, épépinez le piment, pelez l'ail et les oignons, puis débitez-les en dés. Épluchez la banane et l'ananas, écrasez la première, coupez le second en petits morceaux. Pressez le citron. Débitez la dinde en cubes.

Chauffez le wok. Versez-y l'huile, comptez 1 min, puis saisissez-y la viande 2 min. Salez, poivrez, ajoutez curry et paprika, mélangez 1 min.

Réservez les cubes de dinde sur la grille vapeur, remplacez-les par les légumes et remuez 5 min.

Incorporez la banane, mélangez avec la viande et mouillez avec le bouillon. Maintenez 5 min à frémissements.

Ajoutez le piment, la noix de coco dans son lait, l'ananas et les noix de cajou. Couvrez et laissez mijoter 10 min.

Servez arrosé du jus de citron.

Un bon coup de baguette

Il existe une « loi » en nutrition : celle de la synergie. Plus il y a d'ingrédients dans un plat, mieux le corps en assimile les substances bénéfiques. Ici, toutes se mêlent pour offrir antioxydants, vitamines et minéraux sous une forme particulièrement savoureuse.

Doux dindonneau

Aussi courant dans la cuisine asiatique que le lait ou la crème dans la nôtre, le lait de coco, onctueux et doux, se trouve dans les rayons exotiques des grandes surfaces ou en épiceries asiatiques.

100 % de chez nous, en remplaçant : le lait de coco par de la sauce tomate, la citronnelle par du basilic, le curry par du paprika.

Préparation : 15 min

Cuisson : 15 min

Ingrédients :

- 600 g de blanc de dindonneau
- 50 cl de lait de coco
- 1 poivron rouge
- 1 poireau
- 2 gousses d'ail
- 6 tiges de citronnelle
- 6 brins de ciboulette
- 1 c. à s. de curry
- sel gris, poivre

Coupez les filets de dindonneau en bandes minces puis saupoudrez-les de curry.

Rincez le poivron, ôtez sa peau au couteau économe, épépinez puis détaillez-le en lanières. Lavez le poireau et émincez-le finement. Pelez l'ail et hachez-le. Ciselez la citronnelle et la ciboulette.

Chauffez le wok. Versez-y le lait de coco et portez-le à ébullition. Ajoutez les légumes et la citronnelle, et comptez 5 min à frémissements.

Incorporez la viande, salez, poivrez et poursuivez la cuisson pendant 10 min.

Servez parsemé de ciboulette ciselée.

Un bon coup de baguette

Ne confondez pas le lait de coco de la recette avec le « lait » de coco (l'eau). Le premier est réalisé avec de la pulpe et se montre donc relativement calorique. N'en abusez pas, d'autant que les graisses de la noix de coco sont de type « saturé » (comme ceux des viandes), une rareté dans le monde végétal. Mais ponctuellement, quel délice !

Effilochée de dinde aux poireaux

Légère et sans façons, simple et sans soucis, cette petite dinde savoureuse dans son écrin vert peut même se garder dans le wok pendant une bonne demi-heure et se déguster tiède.

100 % de chez nous, en remplaçant : la sauce soja par du sel et du poivre.

Préparation : 15 min

Cuisson : 12 min

Ingrédients :

- 4 filets de dinde
- 2 poireaux
- 4 branches de sauge
- 1 c. à s. de sucre complet
- 4 c. à s. d'huile d'olive
- 2 c. s. de sauce soja (ou tamari)

Coupez les filets de dinde en bandes minces.

Lavez les poireaux, puis détaillez le blanc en petits tronçons et effilez le vert. Ciselez la sauge.

Chauffez le wok. Versez-y l'huile, comptez 1 min, puis jetez-y la viande avec la sauge pour 4 min.

Réservez-la sur la grille vapeur. Déposez les poireaux et leur vert à sa place pour les laisser sauter 5 min en remuant très souvent.

Saupoudrez de sucre, mouillez avec la sauce soja et poursuivez la cuisson encore 2 min en mélangeant toujours.

Réchauffez la viande dans les poireaux pendant 1 min.

Servez sans attendre.

Un bon coup de baguette

Le poireau est très diurétique. Ce sont ses fructosanes (des sucres particuliers) qui lui confèrent cette propriété, particulièrement appréciée en cas de rétention d'eau, de jambes lourdes, etc.

Émincé de poulet aigre-doux

Un vrai classique de la cuisine chinoise, facilement adaptable aux goûts occidentaux. À présenter accompagné de Poivrons marinés (p. 99) et d'un peu de riz complet nature.

100 % de chez nous, en remplaçant : la sauce soja par du sel et du poivre.

Préparation : 20 min

Cuisson : 25 min

Ingrédients :

- 4 blancs de poulet
- 2 oignons
- 2 poivrons rouges
- 4 tranches d'ananas
- 1 c. à c. de fécule de pomme de terre
- 30 cl de bouillon de volaille (voir p. 117)
- 2 c. à s. de concentré de tomate
- 2 c. à s. d'huile d'arachide
- 2 c. à s. de vinaigre
- 2 c. à s. de sauce soja (ou tamari)

Pelez les oignons et émincez-les. Coupez les tranches d'ananas en 8. Ôtez la peau des poivrons au couteau économe, puis épépinez et débitez-les en cubes. Détaillez les blancs de poulet en fines lamelles.

Chauffez le wok. Versez-y l'huile, comptez 1 min, puis jetez-y la viande, et dorez-la de tous côtés pendant 5 min. Réservez-la ensuite sur la grille vapeur.

Déposez les légumes à sa place et laissez-les sauter 5 min en remuant souvent.

Délayez le concentré de tomate et la fécule dans le vinaigre et la sauce de soja. Allongez avec le bouillon, puis versez le tout dans le wok, portez à ébullition et maintenez 5 min à frémissements. Réchauffez le poulet dans la sauce pendant 3 min.

Servez chaud.

Un bon coup de baguette

Les poivrons rouges sont plus mûrs que les verts. Cueillis à pleine maturité, ils apportent une teneur tout à fait étonnante en antioxydants.

Fruité de poulet

5 minutes de cuisson, pas plus, une fois les fruits incorporés dans la préparation. Une condition indispensable pour conserver de la tenue aux rondelles de banane, donc ne pas voir celles-ci se transformer en bouillie…

100 % de chez nous, en remplaçant : le lait de coco par du jus de pomme.

Préparation : 20 min

Cuisson : 20 min

Ingrédients :

- 600 g d'escalopes de poulet
- 1 petit ananas
- 2 grappes de raisin noir
- 2 bananes
- 1 citron
- 2 c. à s. d'amandes effilées
- 25 cl de lait de coco
- 25 cl de jus d'ananas
- 25 cl de jus de raisin
- 1 c. à s. de fécule de pomme de terre
- 3 c. à s. d'huile d'arachide
- 2 doses de safran
- 1 c. à s. de cannelle
- sel gris, poivre

Coupez les escalopes de poulet en fines lanières. Égrenez le raisin. Épluchez l'ananas et détaillez sa chair en petits dés. Pressez le citron. Pelez les bananes, tranchez-les en rondelles pas trop épaisses et citronnez-les. Délayez la fécule dans un peu de jus de fruits.

Chauffez le wok. Dorez-y les amandes à sec pendant 2 à 3 min, puis réservez-les.

Versez l'huile à leur place, comptez 1 min, puis jetez-y la viande et saisissez-la de tous côtés pendant 5 min.

Saupoudrez de la cannelle et du safran, salez, poivrez, mélangez bien puis mouillez avec le lait de coco et les jus de fruits. Laissez mijoter 10 min.

Incorporez les fruits, comptez encore 5 min à frémissements.

Servez sans attendre, parsemé des amandes grillées.

Un bon coup de baguette

En remplaçant le lait de coco par du jus de pomme, non seulement vous vous rapprochez de l'Hexagone, mais encore vous faites chuter l'addition calorique…

Petits pilons aux poivrons

Endives braisées (p. 89), Carottes confites (p. 87), Risotto de quinoa (p. 100), vous n'avez que l'embarras du choix pour accompagner ces pilons qui se marient heureusement avec légumes ou céréales.

100 % de chez nous, en remplaçant : la sauce soja par du vinaigre balsamique, les épices par un peu de piment ou du paprika.

Préparation : 20 min

Marinade : 15 min

Cuisson : 14 min

Ingrédients :

4 pilons de poulet
3 poivrons rouges
1 carotte
2 oignons
30 cl de bouillon de légumes (voir p. 116)
1 c. à s. de concentré de tomate
1 c. à s. de miel
1 c. à s. de fécule de pomme de terre
3 c. à s. d'huile d'arachide
1 c. à s. de vinaigre
2 c. à s. de sauce soja
1 c. à c. de cannelle
1 c. à c. d'anis vert
1 c. à c. de gingembre
1 clou de girofle

Délayez le concentré de tomate dans le vinaigre et la sauce soja, avec le miel, la cannelle, l'anis, le clou de girofle et le gingembre.

Recouvrez les pilons de cette préparation et laissez mariner 15 min.

Grattez la carotte, ôtez la peau des poivrons au couteau économe et épépinez-les, pelez les oignons, puis détaillez tous ces légumes en fins bâtonnets.

Chauffez le wok. Versez-y l'huile, comptez 1 min, puis jetez-y la viande pour 5 min en la retournant de tous côtés. Réservez-la sur la grille vapeur, déposez les légumes à sa place et remuez-les 4 min.

Délayez la fécule dans le bouillon, puis versez sur les légumes, portez à ébullition, plongez-y la viande, couvrez et poursuivez la cuisson pendant 5 min.

Servez chaud.

Un bon coup de baguette

La fécule de pomme de terre renferme presque exclusivement de l'amidon, c'est-à-dire des sucres lents. Pas de vitamines, ni de protéines ni rien d'autre. Ses atouts : elle est très digeste et son pouvoir épaississant est trois fois plus important que celui de la farine.

Pintade aux asperges

Pour faire le plein de saveurs, choisissez de préférence des asperges vertes, jeunes et fines. Une fois dans le wok, remuez-les avec précaution pour ne pas les écraser.

100 % de chez nous !

Préparation : 20 min

Cuisson : 15 min

Ingrédients :

- 600 g de blancs de pintade
- 500 g d'asperges
- 1 citron
- 3 échalotes
- 2 branches de thym
- 25 cl de bouillon de volaille (voir p. 117)
- 25 cl de crème végétale
- 4 c. à s. d'huile d'olive
- sel gris, poivre

Découpez les blancs de pintade en minces lanières. Grattez les asperges puis détaillez-les en petits tronçons. Pelez les échalotes et émincez-les finement, effeuillez le thym. Pressez le citron.

Chauffez le wok. Versez-y l'huile, comptez 1 min, puis jetez-y la viande pour 2 min. Salez, poivrez, ajoutez les échalotes et la moitié du thym, mouillez avec le bouillon de volaille et le jus de citron. Portez à ébullition, puis maintenez 3 min à frémissements.

Incorporez les asperges pour encore 10 min de cuisson, en remuant délicatement de temps à autre. Terminez avec la crème et le reste du thym.

Servez chaud.

Un bon coup de baguette

Ferme et goûteuse, la pintade a du caractère. Elle est naturellement un peu sèche, mais ses camarades de wok se chargent de l'attendrir. C'est en juillet-août que vous trouverez les meilleures, fermières. Comme toujours, leur chair est incomparablement meilleure que celle des pintades « de batterie ».

Shop suey de poulet mariné

En version maritime, remplacez le poulet par du saumon ou de la lotte.

100 % de chez nous, en remplaçant : le soja par 2 branches de céleri, le sésame par des pignons de pins.

Préparation : 30 min
Marinade : 3 h
Cuisson : 13 min
Ingrédients :

- 4 blancs de poulet
- 150 g de germes de soja
- 2 courgettes
- 2 carottes
- 2 poivrons rouges
- 2 gousses d'ail
- 2 citrons
- 6 feuilles de sauge
- 2 c. à s. de graines de sésame
- 2 c. à s. d'huile d'olive
- 2 clous de girofle
- sel gris, poivre

Pelez et hachez l'ail. Pressez les citrons, prélevez et émincez leurs zestes, puis mélangez-les avec le jus, l'ail, les clous de girofle, du sel et du poivre.

Coupez le poulet en cubes et plongez-les 3 h dans cette marinade.

Rincez les courgettes, ôtez la peau des poivrons et épépinez-les, grattez les carottes, détaillez-les tous en lanières.

Chauffez le wok à sec pour y griller le sésame 2 min, puis réservez-le.

Remplacez-le par 1 c. à s. d'huile, comptez 1 min, et saisissez-y la viande 3 min de tous côtés.

Réservez les dés de poulet sur la grille vapeur, versez le reste de l'huile au fond du wok avec les carottes et les poivrons pour 3 min. Ajoutez les courgettes et le soja, et mélangez 2 min.

Mêlez alors tout le contenu du wok avec le poulet, arrosez de marinade, incorporez la sauge ciselée et comptez 2 min à frémissements.

Servez chaud, parsemé du sésame.

Un bon coup de baguette

Pour une fois, c'est la viande qui accompagne les légumes, et non l'inverse. Mais c'est bien l'ensemble qui satisfait les sens et l'estomac. Poulet, saumon ou lotte : leurs protéines sont indispensables !

Viandes

Bœuf aux carottes

Vous avez l'habitude de cette préparation à la cocotte et avec de gros morceaux de viande. La seule différence ici est la taille des cubes de bœuf : ils ne doivent pas dépasser 1 cm de côté.

100 % de chez nous !

Préparation : 20 min

Cuisson : 25 min

Ingrédients :

- 500 g de bœuf
- 500 g de carottes
- 1 botte d'oignons
- 1 gousses d'ail
- 1 bouquet d'aneth
- 30 g de raisins secs
- 50 cl de bouillon de légumes (voir p. 116)
- 2 c. à s. d'huile d'olive
- sel gris, poivre

Épluchez les oignons et tranchez-les en rondelles fines. Pelez l'ail et hachez-le. Coupez la viande en dés. Grattez les carottes et détaillez-les en fins bâtonnets. Ciselez l'aneth.

Chauffez le wok. Versez-y l'huile, comptez 1 min, puis jetez-y la viande pour 5 min en la retournant souvent.

Salez, poivrez, mouillez avec le bouillon et portez à ébullition.

Ajoutez les carottes, les oignons, l'ail et l'aneth puis couvrez et laissez mijoter 15 min.

Terminez par les raisins secs et poursuivez la cuisson pendant encore 5 min.

Un bon coup de baguette

L'archétype même du plat équilibré qu'affectionnent les nutritionnistes. Et en plus, là, il cuit plus vite que d'habitude, donc perd moins de plumes « vitaminiques ». Fermez les yeux, ouvrez la bouche !

Cuisses de grenouilles sautées

À moins de disposer d'une mare au fond du jardin, le plus simple est de se procurer des cuisses de grenouilles surgelées, déjà préparées. Trempez-les alors dans du lait de soja pendant 2 h pour les décongeler : elles en sortiront moelleuses à souhait.

100 % de chez nous !

Préparation : 10 min
Cuisson : 14 min
Ingrédients :

- 600 g de cuisses de grenouilles
- 2 citrons
- 4 gousses d'ail
- 10 brins de persil
- 10 brins de ciboulette
- 4 c. à s. de farine type 110
- 4 c. à s. d'huile d'olive
- sel gris, poivre

Pelez l'ail, puis hachez-le avec le persil et la ciboulette. Pressez 1 citron, tranchez l'autre en rondelles fines.

Mélangez la farine avec du sel et du poivre. Disposez-la dans un sac en plastique, puis plongez-y les cuisses de grenouilles. Refermez bien le sac, puis secouez énergiquement pour bien les enrober. Prélevez-les ensuite en laissant l'excédent de farine au fond du sac.

Chauffez le wok. Versez-y l'huile, comptez 1 min, puis jetez-y les cuisses de grenouilles et saisissez-les pendant 5 min de tous côtés.

Ajoutez la persillade pour la faire revenir 3 min en mélangeant bien. Mouillez avec le jus de citron et laissez encore sauter 6 min en remuant de temps en temps.

Servez sans attendre, accompagné des rondelles de citron.

Un bon coup de baguette

Les cuisses de grenouilles sont-elles vraiment aphrodisiaques ? Le débat est ouvert. Ce qui est sûr, c'est qu'elles sont peu caloriques et de bonnes sources de protéines. Normal : ces dernières constituent les muscles, et les grenouilles passent leur temps à sauter !

Cuisses de lapereau relevées

Le lapereau offre une viande jeune et délicate, n'appréciant pas les cuissons vives ou trop longues. En quelque sorte, un client idéal pour le wok…

100 % de chez nous, en remplaçant : les 3 citrons verts par 2 jaunes, la coriandre par de la ciboulette.

Préparation : 20 min
Cuisson : 20 min
Ingrédients :

- 2 cuisses de lapereau
- 8 petits oignons nouveaux
- 2 gousses d'ail
- 2 petits piments rouges
- 3 citrons verts
- 4 brins de coriandre
- 10 cl de sauce tomate
- 2 c. à s. de crème végétale
- 2 c. à s. d'huile d'olive
- sel gris, poivre

Pressez 2 citrons, taillez le troisième en fines rondelles. Hachez les piments. Pelez les oignons, coupez-les en 4. Épluchez l'ail et émincez-le. Ciselez la coriandre.

Chauffez le wok. Versez-y l'huile, comptez 1 min, puis jetez-y les cuisses de lapereau pour les saisir 2 min de tous côtés.

Salez et poivrez-les. Ajoutez l'ail, l'oignon, les rondelles de citron et la moitié du jus. Laissez fondre 5 min.

Mouillez avec 20 cl d'eau, couvrez et maintenez à frémissements 10 min.

Incorporez la crème et la sauce tomate, poursuivez la cuisson 5 min pour épaissir le fond de sauce.

Incorporez les piments avec la coriandre et le reste du jus de citron.

Mélangez et servez sans attendre.

Un bon coup de baguette

Prenez l'habitude de glisser quelques gouttes de jus de citron dans vos repas : sur les salades, les plats, etc. Non seulement vous augmentez vos apports en vitamine C, mais en plus, vous abaissez l'index glycémique du repas, autrement dit vous rendez les sucres du repas plus « lents ». Une propriété indispensable aux diabétiques, mais utile pour tous les autres aussi.

Escalopes de veau aux cacahuètes

Quand on dit cacahuètes nature, cela s'entend ni grillées ni salées !

100 % de chez nous, en remplaçant : les bambous par du céleri, les champignons chinois par des cèpes (sans les faire tremper), la sauce soja par du sel.

Trempage : 30 min

Préparation : 15 min

Cuisson : 16 min

Ingrédients :

- 4 escalopes de veau
- 150 g de pousses de bambou
- 50 g de champignons chinois
- 1 poivron rouge
- 2 gousses d'ail
- 150 g de cacahuètes (nature)
- 2 c. à. s. de sucre complet
- 2 c. à. c. de fécule de pomme de terre
- 40 cl de bouillon de volaille (voir p. 117)
- 2 c. à s. d'huile d'arachide
- 2 c. à. s. de sauce soja (ou tamari)

Plongez les champignons 30 min dans de l'eau tiède, puis émincez-les.

Rincez les pousses de bambou. Ôtez la peau du poivron au couteau économe, puis épépinez et détaillez-le en lanières fines. Pelez et hachez l'ail. Débitez la viande en cubes.

Chauffez le wok. Versez-y l'huile, comptez 1 min, puis jetez-y l'ail pour le faire revenir 2 min.

Ajoutez la viande pour 3 min, puis réservez-la sur la grille vapeur.

Déposez les pousses de bambou et le poivron à sa place avec le sucre, et laissez-les sauter 3 min.

Mouillez avec le bouillon et la sauce soja, puis laissez frémir 5 min.

Délayez la fécule dans un peu de bouillon, versez-la dans le wok avec la viande et poursuivez la cuisson 2 min.

Terminez par les cacahuètes, mélangez 1 min et servez bien chaud.

Un bon coup de baguette

Ce n'est pas tous les jours qu'on vous propose des cacahuètes. Mais le wok s'y prête bien. N'en profitez pas pour en avaler régulièrement, surtout les grillées et salées. Préférez-les au naturel, à dépiauter vous-même. Oui, c'est vrai, c'est du travail : pendant que vous épluchez, vous mangez moins…

Filet de bœuf en sauce d'huîtres

La sauce d'huîtres (ou Oyster sauce), condiment brun et épais, à base d'huîtres cuites et de sauce soja, est dotée d'un arôme puissant, très agréable, et pas aussi maritime qu'on pourrait croire.

100 % de chez nous, en remplaçant : la sauce soja par du sel et du poivre, la sauce d'huîtres par de la sauce Worcester.

Préparation : 30 min

Marinade : 2 h

Cuisson : 12 min

Ingrédients :

- 400 g de filet de bœuf
- 100 g de pois mange-tout
- 2 têtes de brocolis
- 2 carottes
- 6 asperges vertes
- 6 mini-épis de maïs
- 1 poivron rouge
- 1 branche de céleri
- 1 oignon
- 1 c. à c. de fécule de pomme de terre
- 2 c. à s. d'huile d'olive
- 2 c. à s. d'huile d'arachide
- 1 c. à s. de sauce soja (ou tamari)
- 4 c. à s. de sauce d'huîtres

Coupez la viande en lanières fines.

Délayez la fécule dans la sauce soja avec l'huile d'olive et 2 c. à s. d'eau. Versez sur la viande et laissez mariner 2 h.

Effilez les pois, grattez les carottes et les asperges, rincez les brocolis et le maïs, ôtez la peau du poivron au couteau économe, lavez le céleri. Émincez tous ces légumes. Pelez l'oignon et hachez-le.

Chauffez le wok. Versez-y l'huile d'arachide, comptez 1 min, puis jetez-y l'oignon pour le faire revenir 2 min.

Ajoutez les morceaux de bœuf pour 2 min, puis réservez-les sur la grille vapeur.

Déposez les légumes à leur place pour les laisser sauter 5 min, puis mélangez-les avec la viande, arrosez de sauce d'huîtres, et poursuivez la cuisson 3 min en remuant souvent.

Servez bien chaud.

Un bon coup de baguette

Le filet de bœuf est non seulement le meilleur morceau du bœuf (entendez le plus tendre) mais aussi l'un des plus « maigres » : il renferme 5 % de matières grasses, ce qui est peu, et apporte 570 calories, ce qui n'est pas beaucoup non plus. Manger un peu de viande rouge (pas trop) est bénéfique, à condition que ce soit « de la bonne », comme ici.

Filet mignon de porc au concombre

Le concombre chaud est à découvrir.
Même dégorgé, il rend encore un peu d'eau à la cuisson et vient baigner la viande d'une saveur très douce.

100 % de chez nous, en remplaçant : la sauce soja par du vinaigre balsamique.

Dégorger le concombre : 15 min
Préparation : 20 min
Cuisson : 14 min
Ingrédients :

800 g de filet mignon de porc
1 concombre
1 branche de céleri
2 oignons
quelques brins de ciboulette
2 c. à s. de miel
2 c. à s. d'huile d'arachide
1 c. à s. de vinaigre
2 c. à s. de sauce soja (ou tamari)
sel gris

Rincez le concombre, puis épépinez et détaillez-le en petits dés. Déposez ceux-ci dans une passoire, saupoudrez de sel et laissez dégorger 15 min, puis rincez et séchez-les.

Lavez le céleri et émincez-le. Pelez les oignons et hachez-les. Débitez la viande en cubes. Délayez le miel dans la sauce soja, puis enduisez le porc de cette préparation.

Chauffez le wok. Versez-y l'huile, comptez 1 min, puis jetez-y la viande pour 2 min. Réservez-la sur la grille vapeur.

Déposez les oignons et le céleri à sa place, et faites-les revenir 4 min.

Mélangez avec la viande et poursuivez la cuisson 4 min en remuant souvent.

Incorporez le concombre pour encore 4 min en mélangeant bien.

Arrosez de vinaigre et servez sans attendre, parsemé de ciboulette ciselée.

Un bon coup de baguette

Le filet mignon, c'est le meilleur morceau du porc : ce tout petit muscle est aussi riche en protéines que pauvre en graisses (5 %). Autre bon plan : la viande de porc est bien pourvue en vitamine B1, intéressante pour le métabolisme.

Fondue chinoise

Munissez-vous de piques à fondue, ou mieux, de petits paniers métalliques spéciaux, dans lesquels chaque convive dispose ses ingrédients (viande et légumes) avant de les plonger dans le bouillon pour les cuire selon son goût.

100 % de chez nous, en remplaçant : les graines de coriandre par des baies roses, le gingembre par du poivre, la sauce soja par du sel.

Préparation : 25 min

Marinade : 30 min

Cuisson : 10 min

Ingrédients :

- 1 blanc de poulet
- 1 magret de canard
- 1 steak de bœuf
- 1 escalope de veau
- 1 tranche de gigot d'agneau
- 1 côte de porc
- 1 tête de brocoli
- 100 g de germes de soja
- 100 g de champignons
- 1 citron
- 1 petit piment rouge
- 100 g de cacahuètes (nature)
- 10 graines de coriandre
- 1 c. à s. de gingembre
- 2 c. à s. de sauce soja (ou tamari)

Mixez les cacahuètes. Épépinez le piment et émincez-le.

Portez 2 l d'eau à ébullition dans le wok avec la sauce soja, la coriandre, la poudre de cacahuètes, le gingembre et le piment. Laissez mijoter pendant 10 min, puis mariner 30 min.

Pressez le citron. Lavez le brocoli et séparez ses bouquets, rincez le soja, nettoyez les champignons, coupez-les en lamelles et citronnez-les.

Désossez les viandes puis détaillez-les en petits cubes. Dressez-les dans un plat de service.

Réchauffez le bouillon, puis installez le wok au centre de la table, sur une plaque chauffante. Plongez-y les légumes.

Présentez la viande à part avec de petites coupelles remplies de sauce soja douce.

Un bon coup de baguette

Un plat hyperprotéiné dans la plus pure tradition minceur, saveur et santé. N'oubliez pas la petite salade verte, crudité bienvenue à assaisonner avec de l'huile de colza et d'olive, pour un équilibre parfait en acides gras.

Lapin à l'estragon

Impeccable accompagné de tagliatelles, mais vous pouvez aussi le tenter avec des Nouilles sautées (p. 95).

100 % de chez nous !

Préparation : 15 min

Cuisson : 15 min

Ingrédients :

4 râbles de lapin
3 échalotes
1 citron
3 branches d'estragon
10 cl de bouillon de volaille (voir p. 117)
20 cl de crème végétale
3 c. à s. d'huile d'olive
sel gris, poivre

Désossez les râbles de lapin puis coupez la viande en lanières minces. Pelez les échalotes et émincez-les finement. Ciselez l'estragon. Pressez le citron.

Chauffez le wok. Versez-y l'huile, comptez 1 min, puis jetez-y la viande pour 2 min en la retournant souvent.

Salez, poivrez, ajoutez les échalotes et la moitié de l'estragon, mouillez avec le bouillon de volaille et le jus de citron, puis maintenez à frémissements 10 min.

Incorporez la crème et laissez réduire 3 min.

Servez chaud, parsemé du reste de l'estragon.

Un bon coup de baguette

Saviez-vous que le lapin apporte des oméga 3 ? Eh bien voilà, maintenant vous le savez. Ça change des poissons gras, non ?

Méditerranéenne d'agneau

Des accents de régime crétois dans un ustensile chinois : la cuisine santé se fait cosmopolite, mais le palais n'a pas besoin d'être polyglotte pour s'en satisfaire !

100 % de chez nous !

Préparation : 20 min
Cuisson : 25 min
Ingrédients :

- 600 g d'épaule d'agneau
- 500 g de courgettes
- 3 tomates
- 1 citron
- 20 olives noires
- 2 gousses d'ail
- 4 brins de persil
- 2 branches de thym
- 3 c. à s. d'huile d'olive
- sel gris, poivre

Incisez la peau des tomates et plongez-les dans de l'eau bouillante pendant 1 min pour les peler facilement, puis coupez-les en 4.

Débitez l'agneau en dés. Rincez les courgettes et tranchez-les en rondelles pas trop épaisses. Pelez et hachez l'ail. Dénoyautez les olives.

Chauffez le wok. Versez-y l'huile, comptez 1 min, puis jetez-y les courgettes pour leur faire rendre toute leur eau (5 min environ).

Réservez-les alors sur la grille vapeur, remplacez-les par la viande pour 3 min, puis égouttez-la sur un papier absorbant.

Salez, poivrez, ajoutez le thym, l'ail, les olives et les tomates. Mélangez avec les courgettes et la viande, couvrez et laissez cuire 15 min.

Pressez le citron, versez son jus sur la préparation, et comptez encore 2 min de cuisson.

Servez parsemé de persil ciselé.

Un bon coup de baguette

L'agneau est une viande riche et calorique, personne ne le nie. C'est pour ça qu'elle est aussi bonne… Mais c'est aussi pour ça que les Crétois en mangent de temps à autres seulement. Suivez leur exemple !

Noix de veau aux champignons

Tout classique mérite un peu de fantaisie ! Rehaussez celui-ci de la saveur d'un bon champignon : cèpe, girolle, mousseron, lactaire… ou champignons chinois, ramollis dans un peu d'eau tiède.

100 % de chez nous !

Préparation : 20 min

Cuisson : 20 min

Ingrédients :

- 600 g de noix de veau
- 200 g de pois gourmands
- 200 g de champignons
- 2 poivrons rouges
- 4 échalotes
- 2 gousses d'ail
- 1 c. à s. de fécule de pomme de terre
- 10 cl de bouillon de volaille (voir p. 117)
- 3 c. à s. d'huile d'olive
- sel gris, poivre

Effilez les pois, plongez-les 2 min dans de l'eau bouillante salée pour les blanchir, puis égouttez-les. Ôtez la peau des poivrons au couteau économe, épépinez puis détaillez-les en cubes. Nettoyez les champignons et émincez-les. Pelez l'ail et les échalotes, puis hachez-les.

Coupez le veau en lanières, saupoudrez celles-ci de fécule, salez et poivrez-les.

Chauffez le wok. Versez-y l'huile, comptez 1 min, puis jetez-y les échalotes pour les faire revenir 2 min.

Ajoutez la viande, saisissez-la de tous côtés pendant 3 min, puis complétez avec les champignons, l'ail et les poivrons. Mélangez souvent pendant 10 min.

Mouillez avec le bouillon, portez à ébullition puis incorporez les pois. Comptez encore 5 min de cuisson.

Servez sans attendre.

Un bon coup de baguette

La noix de veau est, comme presque toujours dans nos recettes, le morceau de viande le plus maigre mais aussi le plus fin. Ce n'est pas avec ce plat que vous allez faire sauter la banque calorique !

Porc à l'ananas

Savoureux mélange salé-sucré, à présenter avec des Nouilles sautées (p. 95) ou un Sauté de brocolis (p. 103).

100 % de chez nous, en remplaçant : le curry et le gingembre par de la cannelle.

Préparation : 25 min

Cuisson : 30 min

Ingrédients :

- 600 g de porc
- 3 tomates
- 1 ananas
- 1 poivron
- 2 oignons
- 4 gousses d'ail
- 1 c. à s. de farine type 110
- 25 cl de crème végétale
- 2 c. à s. d'huile d'arachide
- 1 c. à s. de curry
- 1 c. à c. de gingembre
- sel gris, poivre

Incisez la peau des tomates puis plongez-les dans de l'eau bouillante pendant 1 min, pelez et concassez-les.

Épluchez l'ananas et détaillez-le en cubes en récupérant son jus. Coupez le porc en dés. Pelez les oignons et l'ail puis hachez-les. Ôtez la peau du poivron au couteau économe, épépinez puis détaillez-le en fines lanières.

Chauffez le wok. Versez-y l'huile, comptez 1 min, puis jetez-y les oignons et l'ail pour les laisser fondre 2 min.

Ajoutez la viande et saisissez-la 3 min de tous côtés.

Saupoudrez de farine et mélangez.

Incorporez tomates et poivron, salez, poivrez, saupoudrez de curry et de gingembre puis laissez frémir 5 min.

Terminez par l'ananas et son jus, couvrez et laissez mijotez 15 min.

Versez la crème et liez le tout 5 min.

Servez chaud.

Un bon coup de baguette

La farine de type 110, cela veut simplement dire qu'elle renferme 110 mg de minéraux aux 100 g. Soit deux fois plus que la farine 55, trop largement employée en cuisine, bien blanche mais hélas bien raffinée. Faites le bon choix ! Ça ne modifie pas le goût du plat, mais vous avalez plus de minéraux.

Porc laqué

Relevé et doux, ce tendre classique asiatique s'accompagne simplement d'un riz blanc ou d'un Riz cantonais (p. 102).

100 % de chez nous, en remplaçant : le gingembre par une bonne dose de poivre, la sauce soja par du vinaigre balsamique.

Préparation : 15 min

Cuisson : 20 min

Ingrédients :

- 600 g de porc
- 1 petit piment
- 1 petit morceau de gingembre
- 1 œuf riche en oméga 3
- 30 g de farine type 110
- 3 c. à s. de fécule de pomme de terre
- 1 c. à s. de miel
- 2 c. à s. d'huile d'arachide
- 3 c. à s. de vinaigre
- 1 c. à s. de sauce soja (ou tamari)
- sel gris

Lavez le piment, épépinez et émincez-le. Mélangez le miel, le vinaigre, le gingembre, la sauce soja et 1 c. à s. de fécule. Coupez le porc en dés puis roulez-les dans le reste de la fécule. Fouettez l'œuf avec la farine et un peu de sel, jusqu'à ce que le mélange devienne mousseux. Plongez la viande dans cette pâte pour bien en enrober chaque morceau.

Chauffez le wok. Versez-y l'huile, comptez 1 min, et jetez-y les dés de porc pendant 10 min en remuant souvent, puis prélevez-les et réservez-les sur la grille vapeur.

Remplacez-les dans le wok par le piment pour le faire revenir 5 min.

Ajoutez la viande et mélangez pendant encore 5 min.

Servez parsemé de ciboulette ciselée.

Un bon coup de baguette

Le piment augmente la sécrétion d'acide digestif. D'un côté, c'est bien car cela accélère la digestion et détruit des microbes. D'un autre côté, ça peut faire très mal aux porteurs d'ulcère ou simplement à ceux qui souffrent de brûlures d'estomac. Choisissez donc votre piment plus ou moins doux en fonction de votre état gastrique.

Râbles parmentiers

Goûtez toujours une salade de pommes de terre avant de la servir. Ce tendre tubercule a en effet un peu tendance à absorber tous les liquides, y compris les assaisonnements, et à affadir ainsi les plats les mieux relevés !

100 % de chez nous !

Préparation : 25 min

Marinade : 10 min

Cuisson : 26 min

Ingrédients :

4 râbles de lapin
400 g de pommes de terre
2 poireaux
1 branche de romarin
1 bouquet de persil
1 c. à s. de miel
2 c. à s. d'huile d'olive
2 c. à s. de vinaigre de cidre
1 c. à s. de muscade râpée
1 c. à s. de curry
sel gris, poivre

Lavez les poireaux et détaillez-les en fines lanières. Désossez les râbles et débitez la chair en petits cubes. Effeuillez le romarin, hachez le persil.

Épluchez les pommes de terre, émincez-les en tranches fines, plongez-les dans une casserole d'eau bouillante salée pendant 10 min, puis égouttez-les.

Chauffez le wok. Versez-y l'huile, comptez 1 min, puis jetez-y le poireau et le lapin pour les faire revenir 4 min. Salez, poivrez, saupoudrez de muscade et de curry, incorporez le miel et le romarin. Remuez pendant 2 min.

Versez 10 cl d'eau et le vinaigre, puis laissez cuire à petit feu pendant 10 min en mélangeant souvent.

Hors du feu, ajoutez les pommes de terre et remuez doucement pour ne pas les défaire, puis laissez mariner la salade pendant 10 min.

Servez parsemé de persil.

Un bon coup de baguette

Il y a pomme de terre et pomme de terre. Plus sa chair est colorée, plus elle renferme de caroténoïdes, autrement dit d'éléments protecteurs. La Roseval, par exemple, est un bon choix.

Roulés aux herbes

L'idéal est de se procurer de la viande déjà toute émincée, comme pour une pierrade. Ainsi les tranches seront fines à souhait et découpées à la bonne taille. Pourquoi faire compliqué ?

100 % de chez nous, en remplaçant : la sauce soja par 1 c. à s. de vinaigre balsamique, du sel et du poivre.

Préparation : 5 min

Cuisson : 3 min

Ingrédients :

- 8 tranches d'agneau très fines
- 8 tranches de porc très fines
- 8 tranches de bœuf très fines
- 8 feuilles de sauge
- 8 feuilles de basilic
- 4 branches d'estragon
- 4 c. à s. d'huile d'olive
- 3 c. à s. de sauce soja (ou tamari)

Étalez les tranches de viande sur le plan de travail.

Déposez une feuille de sauge sur chaque morceau de porc, une de basilic sur l'agneau, répartissez l'estragon sur le bœuf.

Roulez chaque tranche sur elle-même et maintenez-la bien serrée à l'aide d'une pique en bois.

Chauffez le wok. Versez-y l'huile, comptez 1 min, puis jetez-y les roulés de viande pour 2 min.

Ajoutez la sauce soja, et poursuivez la cuisson 1 min.

Servez sans attendre, accompagné de Poivrons marinés (p. 99), de Poivrades parfumées (p. 98) ou d'un Riz cantonais (p. 102).

Un bon coup de baguette

La sauge est à mi-chemin entre l'aromate et la plante médicinale. Elle renferme des composés qui influencent l'équilibre hormonal, surtout chez les femmes. C'est bien ! Rien à dire en cas de consommation occasionnelle, mais n'en mettez pas dans tous vos plats du jour.

Tajine d'agneau au miel

Une semoule à couscous est la bienvenue pour agrémenter ce tajine, mais vous pouvez aussi jouer l'originalité avec un Pilaf de millet (p. 96) ou des Endives braisées (p. 89).

100 % de chez nous, en remplaçant : le gingembre, la coriandre et le cumin par du poivre ou du piment.

Préparation : 15 min

Cuisson : 16 min

Ingrédients :

- 600 g de gigot d'agneau
- 200 g de dattes
- 100 g d'amandes effilées
- 100 g de raisins secs
- 1 citron
- 2 oignons
- 2 gousses d'ail
- 2 c. à s. de miel
- 10 cl de bouillon de volaille (voir p. 117)
- 4 c. à s. d'huile d'olive
- 1 c. à s. de cumin
- 1 c. à c. de gingembre
- 1 c. à c. de coriandre
- 1 dose de safran
- sel gris, poivre

Coupez la viande en cubes. Pressez le citron.

Pelez les oignons et l'ail puis mixez-les avec les épices, du sel et du poivre.

Chauffez le wok. Versez-y l'huile, comptez 1 min, puis versez-y la préparation épicée pour la faire revenir 2 min.

Ajoutez la viande et saisissez-la de tous côtés pendant 3 min. Incorporez le miel et laissez-le fondre (1 min).

Mouillez avec le jus de citron et le bouillon, portez à ébullition, puis incorporez les dattes et les raisins et maintenez 10 min à frémissements.

Servez bien chaud, parsemé des amandes effilées.

Un bon coup de baguette

Agneau, dattes, couscous ou millet : c'est sûr, vous ne mourrez pas de faim aujourd'hui. Pensez à la salade verte, par exemple de la mâche, arrosée d'un filet d'huile de colza pour bien équilibrer tous vos apports en acides gras.

Plats végétariens

Boulettes de purée

Avec une salade verte, une *Étuvée de chou (p. 91)**,*
un *Sauté de brocolis (p. 103)**, une* *Nage de chou-fleur (p. 94)**.*

100 % de chez nous, en remplaçant : le gingembre par du cumin ou du paprika.

Préparation : 20 min

Cuisson : 18 min

Ingrédients :

500 g de pommes de terre
2 citrons
2 oignons
1 piment vert
2 œufs riches en oméga 3
4 c. à s. de farine type 110
4 c. à s. d'huile d'arachide
1 c. à s. de gingembre
sel gris, poivre

Épluchez les pommes de terre, coupez-les en quartiers. Portez 2 l d'eau salée à ébullition dans le wok pour les cuire 15 min.

Pelez les oignons et hachez-les avec le piment. Pressez les citrons.

Battez les blancs d'œufs légèrement salés en neige ferme, puis étalez le tout dans une assiette creuse. Remplissez le fond d'une autre assiette de farine.

Écrasez les pommes de terre avec le gingembre, le piment, les oignons, du sel, du poivre et 1 c. à s. de jus de citron. Façonnez en boulettes, roulez-les dans le blanc d'œuf puis la farine.

Chauffez le wok. Versez-y l'huile, comptez 1 min, puis déposez-y les boulettes pour les saisir 3 min de tous côtés et servez sans attendre.

Un bon coup de baguette

L'huile d'arachide ne renferme pas d'oméga 3, c'est d'ailleurs pour ça qu'elle tolère si bien la cuisson. Mais pensez à parer une crudité en entrée d'un filet d'huile de colza. Vous obtiendrez un menu bien équilibré.

Crêpes de haricots

Des crêpes originales, à napper de sauce tomate ou à couvrir de tapenade, et à accompagner d'une salade aux pignons de pins.

100 % de chez nous !

Préparation : 10 min
Cuisson : 2 min par crêpe
Ingrédients :

- 100 g de germes de soja
- 2 oignons
- 3 échalotes
- 4 branches de basilic
- 1 œuf riche en oméga 3
- 4 c. à s. de farine de sarrasin
- 4 c. à s. d'huile d'olive
- 1 c. à s. de cumin
- sel, poivre

Pelez les oignons et les échalotes, rincez et effeuillez le basilic, puis mixez-les ensemble avec le soja et le cumin, du sel et du poivre.

Incorporez le mélange mixé à la farine et à l'œuf, puis pétrissez avec suffisamment d'eau pour obtenir une pâte lisse.

Chauffez le wok. Versez-y 1 c. à s. d'huile, comptez 1 min, puis versez-y la valeur d'une louche de pâte, pour couvrir tout le fond de l'appareil. Attendez 1 min, puis retournez la crêpe à l'aide d'une spatule en bois pour cuire l'autre face pendant encore 1 min.

Procédez de même pour les crêpes suivantes, en ajoutant de l'huile au fur et à mesure au fond du wok.

Servez chaud.

Un bon coup de baguette

Les germes de soja, comme toutes les graines germées, sont de bons vecteurs de vitamines et de minéraux. La germination modifie l'aliment « en bien », améliorant notamment sa digestibilité.

Croustilles de pommes de terre

Plat complet si elles sont accompagnées d'une salade verte ou d'une mâche aux noix, ces croustilles acceptent volontiers d'être nappées de sauce tomate au basilic ou d'une mayonnaise à base de tahin (purée de sésame).

100 % de chez nous !

Préparation : 10 min
Cuisson : 10 min
Ingrédients :

600 g de pommes de terre
1 courgette
1 oignon
2 gousses d'ail
2 branches de menthe
100 g de parmesan
2 œufs riches en oméga 3
3 c. à s. d'huile d'olive
sel gris, poivre

Épluchez et râpez les pommes de terre. Rincez la courgette et coupez-la en petits dés. Pelez l'oignon et l'ail puis hachez-les avec la menthe. Réunissez tous ces légumes dans un saladier.

Battez les œufs en omelette avec le parmesan, salez (peu, le fromage l'est déjà), poivrez, puis versez sur les légumes et mélangez bien.

Chauffez le wok. Versez-y l'huile, comptez 1 min, puis jetez-y 1 par 1 des boulettes de cette préparation (la valeur de 2 c. à s.), aplatissez-les dans le fond du wok, puis repoussez-les sur les côtés pour les dorer doucement 4 à 5 min sur chaque face.

Servez chaud ou tiède.

Un bon coup de baguette

Le parmesan est atypique : c'est le fromage le plus riche en calcium et en protéines, tout en étant relativement pauvre en graisses ! Mais il est aussi salé et calorique. C'est cependant un vrai « plus » sur un plat, préférable au gruyère par exemple.

Galettes d'oignons

Parfaites en entrée avec une salade, ces petites galettes fines se font plat complet aux côtés de Poireaux en effilochée (p. 97) ou d'un Méli-mélo romanesco (p. 93).

100 % de chez nous !

Préparation : 20 min
Repos de la pâte : 15 min
Cuisson : 5 min
Ingrédients :

- 150 g de farine type 110
- 100 g d'oignons
- 30 cl de lait de soja
- 2 œufs riches en oméga 3
- 4 c. à s. d'huile d'olive
- 2 c. à s. de curry
- sel gris, poivre

Disposez la farine en fontaine avec un peu de sel, versez le lait dans le creux. Mélangez intimement pour obtenir une pâte épaisse (en ajoutant un peu d'eau si nécessaire), puis laissez reposer 15 min.

Pelez et hachez les oignons très finement, salez et poivrez-les, puis battez-les avec les œufs et le curry.

Étalez la pâte au rouleau sur un plan de travail fariné. Recouvrez-la de la préparation aux oignons, puis rabattez-la et retravaillez-la pour bien amalgamer le tout.

Séparez-la alors en boules, et aplatissez-les pour obtenir des galettes minces.

Chauffez le wok. Versez-y l'huile, comptez 1 min, puis déposez-y les galettes 1 par 1. Retournez-les pour les enduire d'huile, puis repoussez-les sur les bords du wok pour les saisir 2 à 3 min sur chaque face.

Servez bien chaud.

Un bon coup de baguette

Les systèmes digestifs ronchons, sensibles à l'oignon, ne pourront pas se plaindre après ce repas. Ce digne représentant des liliacées (on dit comme ça !) se fait ici doux et digeste, même l'haleine n'y trouvera rien à redire.

Nouilles thaïes aux légumes

Les plats de nouilles sautées sont variables à l'infini. Tous les légumes sont permis (pensez aux champignons, haricots, pois, etc.). Elles acceptent aussi parfaitement les petits cubes de viande, volaille ou poisson, à faire revenir 4 à 5 min avant les légumes, et à mélanger avec les nouilles au contenu du wok.

100 % de chez nous, en remplaçant : les nouilles par des spaghettis, le soja par du céleri, le pak choï par 1 chou vert, les citrons verts par 1 jaune, la sauce soja par du vinaigre balsamique, du sel et du poivre.

Préparation : 25 min

Cuisson : 15 min

Ingrédients :

- 250 g de nouilles de riz
- 100 g de germes de soja
- 2 carottes
- 1 petit chou chinois (pak choï)
- 1 tête de brocoli
- 1 poivron rouge
- 2 oignons
- 2 citrons verts
- 30 g de cacahuètes (nature)
- 3 c. à s. d'huile d'arachide
- 3 c. à s. de sauce soja (ou tamari)
- sel gris

Ôtez la peau du poivron au couteau économe, épépinez et débitez-le en dés. Pelez les oignons, tranchez-les en rondelles. Grattez les carottes, détaillez-les en fins bâtonnets. Lavez le chou et émincez-le. Rincez le soja et le brocoli et séparez les bouquets de ce dernier. Pressez les citrons.

Portez 2 l d'eau salée à ébullition dans le wok. Plongez-y les nouilles, pendant 5 min, puis égouttez-les.

Versez l'huile dans le wok, comptez 1 min, puis jetez-y tous les légumes pour les faire sauter 8 min.

Ajoutez les nouilles, arrosez de jus de citron et de sauce soja, puis mélangez encore 2 min.

Servez parsemé de cacahuètes concassées (voir p. 113).

Un bon coup de baguette

Comme leur nom l'indique, les nouilles de riz sont fabriquées à base de farine de riz. Au total, elles sont moins riches en protéines que les « normales » (à la farine de blé) mais plus digestes. Et surtout, les personnes intolérantes au gluten peuvent en manger puisqu'il n'y a pas de gluten dans le riz.

Omelette des rizières

Veillez à ce que le riz soit bien refroidi avant de l'incorporer dans le wok. S'il est encore chaud, ou même tiède, il a tendance à coller et à s'amalgamer au contact des jus de cuisson. L'idéal est même de le faire cuire la veille.

100 % de chez nous, en remplaçant : la sauce soja par du vinaigre balsamique, du sel et du poivre.

Préparation : 20 min

Cuisson : 40 min

Ingrédients :

- 125 g de tofu
- 125 g de riz
- 4 œufs riches en oméga 3
- 150 g de haricots verts
- 4 branches de menthe
- 2 c. à s. de sucre complet
- 3 c. à s. d'huile d'olive
- 1 c. à s. de sauce soja (ou tamari)
- 1 c. à s. de piment
- sel gris

Plongez le riz dans une grande quantité d'eau bouillante salée pendant 30 min, puis égouttez et refroidissez-le.

Effilez les haricots verts puis coupez-les en tronçons. Débitez le tofu en petits dés.

Battez les œufs en omelette avec le sucre et la sauce soja.

Chauffez le wok. Versez-y 1 c. à s. d'huile avec le piment, comptez 1 min, puis jetez-y le tofu pendant 5 min en le retournant de temps en temps. Prélevez-le et réservez-le sur la grille vapeur. Versez à sa place le reste de l'huile, puis, quand elle est bien chaude, les œufs. Fouettez vivement pendant 1 min.

Incorporez le riz et poursuivez la cuisson 2 min en remuant sans arrêt.

Ajoutez alors les haricots verts et le tofu et continuez de mélanger 2 min.

Servez sans attendre, parsemé de menthe ciselée.

Un bon coup de baguette

Voici un plat riche en protéines. Le riz apporte ses sucres lents, les haricots verts proposent fibres, minéraux et vitamines. Cette omelette complète se contentera d'un yaourt et d'un fruit pour épilogue.

Potée de tofu

Le tofu n'existe pas qu'en version nature : découvrez-le fumé ou agrémenté d'herbes, des variantes parfaites pour cette recette, à dénicher en boutique diététique ou en magasin bio.

100 % de chez nous, en remplaçant : les champignons chinois par des cèpes (sans les faire tremper), les graines de sésame par des pignons de pin, la sauce soja par du sel et du poivre, le gingembre par un peu de piment.

Trempage : 30 min
Préparation : 20 min
Cuisson : 15 min
Ingrédients :

- 100 g de tofu
- 6 champignons chinois
- 1 petit chou
- 1 oignon
- 20 g de graines de sésame
- 1 c. à s. de concentré de tomate
- 1 c. à s. de miel
- 30 cl de bouillon de légumes (voir p. 116)
- 3 c. à s. d'huile d'olive
- 2 c. à s. de vinaigre
- 2 c. à s. de sauce soja
- 1 c. à c. de cannelle
- 1 c. à c. d'anis vert
- 1 clou de girofle
- 1 c. à c. de gingembre

Plongez les champignons dans de l'eau tiède pendant 30 min, puis rincez, égouttez, et coupez-les en lamelles.

Lavez le chou et émincez ses feuilles. Pelez l'oignon et hachez-le.

Chauffez le wok. Versez-y l'huile, comptez 1 min, puis jetez-y tous ces légumes pour les faire suer 7 min en remuant de temps en temps.

Détaillez le tofu en petits dés et ajoutez-le dans le wok, saupoudrez des épices et poursuivez la cuisson 3 min en mélangeant souvent.

Délayez le concentré de tomate et le miel dans le bouillon, puis versez celui-ci sur les légumes, avec la sauce soja et le vinaigre. Maintenez à frémissements 5 min.

Servez parsemé de graines de sésame.

Un bon coup de baguette

Le tofu est reconnu comme bienfaiteur nutritionnel pour diverses raisons. Au hasard, l'une d'entre elles : il aide à lutter contre l'excès de cholestérol.

Raviolis de tofu

Même la pâte à ravioli est inratable. Et si vous n'êtes pas fan de tofu, remplacez-le par des crevettes ou de la viande hachée.

100 % de chez nous, en remplaçant : le gingembre par du piment, les champignons chinois par des cèpes (sans les faire tremper), le bambou par du céleri.

Trempage : 30 min
Préparation : 30 min
Cuisson : 15 min
Réfrigération : 1 h
Ingrédients :

- 100 g de farine type 110
- 60 g de fécule de pomme de terre
- 500 g de tofu
- 2 échalotes
- 1 petit morceau de gingembre
- 4 champignons chinois
- 1 boîte de pousses de bambou
- 2 c. à c. d'huile de sésame
- sel gris, poivre

Plongez les champignons 30 min dans de l'eau tiède, puis égouttez-les. Mélangez la farine et 50 g de fécule avec un peu de sel. Creusez un puits pour y verser 50 cl d'eau tiède et travaillez en pâte bien lisse. Formez-en une boule et réservez 1 h au frais.

Émiettez le tofu. Pelez et râpez le gingembre. Épluchez les échalotes.

Hachez les pousses de bambou avec tofu, échalotes et champignons.

Ajoutez le gingembre, 3 c. à s. d'eau, 10 g de fécule et l'huile, salez, poivrez, mixez.

Étalez la pâte et découpez-y 8 disques assez grands. Déposez 1 c. à s. de farce au centre de chacun d'eux et repliez en raviolis en appuyant bien pour coller les bords. Déposez-les ensuite dans un panier en bambou.

Portez 50 cl d'eau à ébullition dans le wok. Déposez le panier sur la grille vapeur, couvrez et laissez cuire 15 min.

Servez avec une sauce aigre-douce.

Un bon coup de baguette

Ne remplacez pas votre farine 110 par de la farine trop blanche : les minéraux du type 110 sont bons pour la santé, mais aussi responsables de la saveur. Pourquoi se priver ?

Steaks de tofu

Des steaks qui en ont surtout le nom, mais qui les remplacent bien, les parfums, les saveurs et la légèreté en plus ! Ils appellent à leurs côtés tous les légumes et céréales qu'un wok peut contenir…

100 % de chez nous, en remplaçant : le gingembre par du cumin, la citronnelle par le jus d'un demi-citron, la sauce soja par du vinaigre balsamique, du sel et du poivre.

Préparation : 15 min

Cuisson : 4 min

Ingrédients :

300 g de tofu
1 botte d'oignons nouveaux
1 petit morceau de gingembre
4 tiges de citronnelle
4 brins de coriandre
3 gousses d'ail
1 œuf riche en oméga 3
1 tranche de pain complet
3 c. à s. de farine type 110
1 c. à s. de sucre complet
3 c. à s. d'huile d'olive
1 c. à s. de sauce soja (ou tamari)

Épluchez le gingembre et l'ail. Pelez les oignons, puis mixez-les avec leur vert, la citronnelle, la coriandre, le gingembre et l'ail.

Émiettez le tofu et le pain puis incorporez-les à la préparation avec le sucre, la sauce soja et l'œuf. Mélangez bien.

Formez des boules de cette pâte puis farinez-les légèrement et aplatissez-les entre vos deux mains pour former des galettes épaisses de la taille d'un steak haché.

Chauffez le wok. Versez-y l'huile, comptez 1 min, puis déposez-y les steaks 2 min sur chaque face.

Servez chaud.

Un bon coup de baguette

Revoilà notre tofu. Ce produit, traditionnel en Asie, est obtenu en laissant simplement cailler du lait de soja avec du chlorure de magnésium. Rien de sorcier, mais au final un aliment qui n'en finit pas d'épater les chercheurs. Même sans être végétarien, on peut manger avec profit du tofu de temps à autre, à la place de la viande.

Tofu aux petits oignons

En lui-même, le tofu n'est doté que d'une saveur assez fade. Mais il se comporte comme une éponge, prenant le goût des ingrédients qui l'entourent. Mariné ou épicé puis sauté dans la sauce (comme ici), il devient un régal tendre et toujours léger.

100 % de chez nous, en remplaçant : le gingembre par un petit piment, la sauce soja par du sel et du poivre, le vin de riz par du vin blanc doux.

Préparation : 10 min

Cuisson : 20 min

Ingrédients :

- 1 botte d'oignons nouveaux
- 1 petit morceau de gingembre
- 600 g de tofu
- 3 c. à s. d'huile d'arachide
- 20 cl de bouillon de légumes (voir p. 116)
- 2 c. à s. de sucre complet
- 2 c. à s. de sauce soja (ou tamari)
- 5 c. à s. de vin de riz

Pelez les oignons, émincez leurs tiges vertes, puis tranchez-les en rondelles fines. Épluchez le gingembre et hachez-le. Coupez le tofu en petits dés.

Chauffez le wok. Versez-y l'huile, comptez 1 min, puis jetez-y le sucre pour le faire fondre 5 min.

Ajoutez les oignons, le gingembre et le tofu pour 5 min.

Mouillez avec le bouillon, la sauce soja et le vin de riz. Portez à ébullition, puis couvrez et laissez mijoter 10 min.

Servez sans attendre.

Un bon coup de baguette

Le bouillon de légumes, ce n'est vraiment pas compliqué à préparer. Mais en cas de flemme aiguë, ayez toujours chez vous des petits cubes de bouillon bio : ils sont très bons, tout aussi faciles à utiliser que les « classiques » et ne se transforment pas en « soupe aux additifs » en final. Un vrai plus !

Céréales et légumes

Blettes en fricassée

Simplement sautées, relevées juste ce qu'il faut, les blettes restent un peu croquantes et sont ainsi des plus appétissantes !

100 % de chez nous !

Préparation : 10 min

Cuisson : 15 min

Ingrédients :

- 1 botte de blettes
- 3 gousses d'ail
- 10 cl de vin blanc sec
- 10 cl de crème végétale
- 2 c. à s. d'huile d'arachide
- 1 c. à c. de piment
- sel gris, poivre

Rincez les blettes et ôtez leurs parties les plus dures, émincez finement leurs feuilles. Pelez l'ail puis hachez-le.

Chauffez le wok. Versez-y l'huile, comptez 1 min, puis jetez-y les blettes et l'ail pour les saisir 3 min en mélangeant souvent.

Salez, poivrez, saupoudrez de piment, mouillez avec le vin blanc et maintenez à frémissements 3 min, puis couvrez et laissez mijoter 7 min.

Ajoutez la crème et poursuivez la cuisson pendant encore 2 min.

Servez chaud.

Un bon coup de baguette

La blette est un végétal remarquable, pour ses apports tant en calcium et en fibres (mal supportées par les intestins délicats) qu'en vitamine C et autres carotènes protecteurs. Hélas, elle ne brille pas par sa saveur, plutôt fade… et c'est tout l'intérêt de soigner sa préparation. Ici, vous êtes gâtés !

Carottes confites

Si vous les préférez al dente, *encore un peu fermes, diminuez le temps de cuisson des carottes de 5 min. Si vous les aimez bien fondantes, presque en compote, augmentez-le de 5 à 10 min.*

100 % de chez nous !

Préparation : 10 min

Cuisson : 30 min

Ingrédients :

- 1 kg de carottes
- 1 oignon
- 2 c. à s. de miel
- 1 c. à s. de moutarde
- 1 c. à s. de crème végétale
- 2 c. à s. d'huile d'olive
- 1 c. à s. de vinaigre balsamique
- sel gris, poivre

Grattez les carottes puis coupez-les en fins bâtonnets. Pelez l'oignon et hachez-le.

Chauffez le wok. Versez-y l'huile, comptez 1 min, puis jetez-y l'oignon pour le faire suer 2 min.

Ajoutez les carottes et mélangez 3 min.

Incorporez le miel, la moutarde et le vinaigre, salez et poivrez, puis couvrez et maintenez 20 min à légers frémissements en remuant de temps en temps. Au besoin, si la préparation semble s'assécher, ajoutez un fond d'eau chaude en cours de cuisson.

Terminez par la crème et laissez réduire 5 min.

Servez chaud.

Un bon coup de baguette

On ne présente plus l'aliment fétiche de Bugs Bunny, la star du bêta-carotène. Une précision tout de même : gratter une carotte, c'est mieux que l'éplucher, parce que nombre de ses vitamines se nichent sous sa peau toute fine.

Courgettes en salade d'oignons doux

Non, les courgettes ne sont pas forcément chaudes, molles et fades : elles peuvent même vous séduire en salade fraîche et parfumée. La preuve.

100 % de chez nous, en remplaçant : la coriandre fraîche par du persil, les graines par des baies roses.

Préparation : 15 min

Cuisson : 25 min

Ingrédients :

- 800 g de courgettes
- 200 g de gros oignons
- 200 g d'oignons grelots
- 3 gousses d'ail
- 2 citrons
- 1 bouquet de coriandre
- 1 feuille de laurier
- 50 g de raisins secs
- 50 g de pignons
- 10 cl de jus de raisin
- 2 c. à s. d'huile d'olive
- 1 c. à s. de concentré de tomate
- 1 c. à s. de piment
- 2 c. à s. de graines de coriandre
- sel gris, poivre

Épluchez les gousses d'ail et les oignons grelots. Lavez et essuyez les courgettes, puis coupez-les en rondelles fines. Pelez et émincez les gros oignons.

Chauffez le wok. Versez-y l'huile, comptez 1 min, puis jetez-y les oignons pour les faire revenir 5 min.

Ajoutez les courgettes, les raisins secs, l'ail et le laurier, salez, poivrez, mélangez et laissez mijoter 10 min en remuant souvent.

Pressez les citrons, puis mélangez leur jus avec celui de raisin, le concentré de tomate, le piment et les graines de coriandre. Versez dans le wok, couvrez et maintenez encore 10 min à frémissements.

Laissez refroidir, puis égouttez les courgettes. Déposez-les dans un plat creux, parsemez de coriandre ciselée et de pignons.

Servez frais.

Un bon coup de baguette

La courgette fait partie de ces aliments auxquels on ne trouve absolument aucun défaut. Quant à sa qualité majeure, elle réside en un mot : minéraux. Potassium, magnésium et calcium s'allient pour en faire un végétal reminéralisant et minceur.

Endives braisées

Une goutte de jus de citron pour garder les endives bien blanches, une pincée de sucre pour masquer leur amertume, et voilà une douceur des plus légères à associer à tous les plats. Pour une fois, ne mélangez pas trop pendant la cuisson : pour une réussite complète, laissez simplement braiser sans vous occuper de rien !

100 % de chez nous !

Préparation : 10 min

Cuisson : 32 min

Ingrédients :

1 kg d'endives
1 citron
1 c. à s. de miel
20 cl de crème végétale
2 c. à s. d'huile d'arachide
1 c. à c. de muscade
sel gris, poivre

Éliminez le cœur des endives (un peu amer), ôtez les feuilles abîmées. Pressez le citron.

Chauffez le wok. Versez-y 1 c. à s. d'huile, comptez 1 min, puis rangez les endives dans le fond, ajoutez le miel, mouillez avec le jus de citron et 3 c. à s. d'eau. Salez, poivrez, couvrez et laissez braiser doucement 30 min a feu moyen, en retournant les endives à mi-cuisson.

Saupoudrez de muscade, versez la crème et mélangez délicatement pendant 2 min.

Servez chaud.

Un bon coup de baguette

La muscade n'a aucun équivalent : elle stimule l'appétit, facilite la digestion et se révèle un remarquable antidouleur. En fait, ce sont ses huiles essentielles qui présentent des propriétés tout à fait étonnantes sur le système nerveux. Il ne faut pas en abuser : à forte dose, elle est carrément narcotique !

Épinards en jus d'agrumes

Pour une version plus classique, remplacez les jus de fruits par 3 c. à s. de crème végétale. Pour une saveur plus asiatique, préférez 2 c. à s. de sauce soja et 1 c. à s. de gingembre. Trois recettes en une, pour accompagner les viandes et poissons, sous toutes leurs formes.

100 % de chez nous, en remplaçant : les graines de sésame par des pignons de pin.

Préparation : 5 min

Cuisson : 8 min

Ingrédients :

- 1 kg d'épinards
- 1 orange
- 1 pamplemousse rose
- 2 c. à s. de graines de sésame
- 1 c. à s. de sucre complet
- 2 c. à s. d'huile d'arachide
- sel gris, poivre

Lavez les épinards et essorez-les, puis équeutez-les.

Pressez l'orange et le pamplemousse.

Chauffez le wok. Versez-y l'huile, comptez 1 min, puis jetez-y les épinards pour les laisser sauter 4 min en remuant souvent.

Salez et poivrez-les, saupoudrez-les de sucre puis arrosez-les des jus d'agrumes et maintenez encore 4 min à frémissements.

Servez les épinards égouttés, parsemés de graines de sésame.

Un bon coup de baguette

Si Popeye avait préparé ses épinards comme ça plutôt que de les avaler à même la boîte, il aurait assimilé plus de fer : la vitamine C des agrumes augmente la disponibilité du fer.

Étuvée de chou

Très facile et idéal pour accompagner tous les plats de viande et de poisson. Pensez aussi, pour varier, aux choux de Bruxelles ou encore aux brocolis. Parsemez à l'envie de l'épice qui s'accordera le mieux au plat que cette étuvée vient compléter.

100 % de chez nous, en remplaçant : le pak choï par un petit chou vert, les graines de sésame par des pignons de pin, la sauce soja par 5 cl de bouillon de volaille (voir p. 117).

Préparation : 10 min

Cuisson : 20 min

Ingrédients :

- 1 petit chou chinois (pak choï)
- 1 oignon
- 1 citron
- 2 c. à s. de graines de sésame
- 1 c. à c. de sucre complet
- 2 c. à s. d'huile d'arachide
- 2 c. à s. de sauce soja (ou tamari)
- sel gris, poivre

Lavez le chou, égouttez-le, séparez ses feuilles puis émincez-les en lanières fines.

Pressez le citron. Pelez et hachez l'oignon.

Chauffez le wok. Versez-y l'huile, comptez 1 min, puis jetez-y le chou pour le faire sauter 5 min en remuant souvent.

Salez, poivrez, saupoudrez de sucre, mouillez avec le jus de citron et la sauce soja, puis couvrez et laissez étuver 15 min, en mélangeant de temps en temps.

Servez parsemé des graines de sésame.

Un bon coup de baguette

Le sucre complet, c'est du sucre complet. Pas de la cassonade. Si vous avez du mal à en trouver en grande surface, allez faire un tour en boutique diététique. Ce sucre présente des teneurs en minéraux sans commune mesure avec le blanc, qui n'en contient aucun.

Fenouils anisés

Parfaits chauds aux côtés d'un poisson ou pour agrémenter un riz complet, ils se goûtent aussi frais en entrée puisqu'ils peuvent se conserver quelques jours au réfrigérateur.

100 % de chez nous, en remplaçant : la citronnelle par de la sauge, la sauce soja par du sel et du poivre.

Préparation : 20 min

Cuisson : 20 min

Ingrédients :

- 700 g de bulbes de fenouils avec leurs feuilles
- 2 oignons
- 1 citron
- 5 tiges de citronnelle
- 1 c. à s. de pastis
- 3 c. à s. d'huile d'arachide
- 1 c. à s. de sauce soja (ou tamari)
- 1 c. à s. de graines de fenouil
- 2 c. à s. d'anis vert

Lavez le fenouil. Éliminez les parties les plus dures des bulbes puis émincez ceux-ci, hachez les feuilles avec la citronnelle. Pelez et émincez les oignons.

Mixez les graines pour les réduire en poudre. Pressez le citron.

Chauffez le wok. Versez-y l'huile, comptez 1 min, puis jetez-y les oignons et le fenouil, ses feuilles et la citronnelle, pour les faire revenir avec la poudre de graines et celle d'anis pendant 5 min en remuant souvent.

Mouillez avec la sauce soja, 10 cl d'eau et le pastis, portez à ébullition puis laissez mijoter 15 min.

Servez dans le jus réduit, parsemé de coriandre ciselée et arrosé de jus de citron.

Un bon coup de baguette

Vous ne pouvez tout simplement pas passer à côté du fenouil si vous prêtez un tant soit peu attention à votre santé, surtout si vous êtes une femme. Il regorge de substances antioxydantes, protectrices pour la santé. Mais c'est aussi le roi de la digestion, de l'antianémie, entre autres.

Méli-mélo romanesco

Cousin du chou-fleur et du brocoli, le chou romanesco, avec sa pomme pointue et ses formes géométriques, sa saveur douce et sucrée, ne requiert qu'une cuisson rapide. Un « client » idéal pour le wok !

100 % de chez nous, en remplaçant : les germes de soja par une branche de céleri finement émincée, les pousses de bambou par 3 petits navets, la sauce soja par du sel et du poivre.

Préparation : 25 min

Cuisson : 10 min

Ingrédients :

- 1 tête de chou romanesco
- 120 g de germes de soja
- 200 g de carottes
- 1 bulbe de fenouil
- 3 échalotes
- 5 brins de persil
- 1 petite boîte de pousses de bambou
- 1 c. à c. de sucre complet
- 3 c. à s. d'huile d'olive
- 2 c. à s. de sauce soja (ou tamari)

Égouttez les pousses de bambou, puis tranchez-les en fines lamelles. Grattez les carottes et coupez-les en rondelles pas trop épaisses. Rincez le chou et séparez ses bouquets. Pelez et hachez les échalotes. Lavez le soja. Épluchez le fenouil et détaillez-le en fins bâtonnets.

Chauffez le wok. Versez-y l'huile, comptez 1 min, puis jetez-y les échalotes, les pousses de bambou, les carottes et le fenouil pour les faire sauter pendant 5 min.

Ajoutez le chou et les germes de soja, saupoudrez de sucre, mouillez avec 3 c. à s. d'eau et la sauce soja puis laissez cuire 5 min en remuant souvent.

Servez parsemé de persil ciselé.

Un bon coup de baguette

L'association des mots wok et santé prend ici tout son sens, tant ce qui mijote (rapidement !) dans l'un ne veut que du bien à l'autre. Ça croque, ça craque, ça vitamine et ça minéralise. Excellent !

Nage de chou-fleur

Élégamment revisité, le chou-fleur se pare de parfums et de couleurs inattendus, tout en restant impeccablement léger. Il s'accorde à merveille avec un plat de pâtes ou de riz complet pour un dîner végétarien, accompagne parfaitement les viandes blanches ou se goûte seul en entrée façon tapas.

100 % de chez nous, en remplaçant : la coriandre par du persil, la sauce soja par du sel, le curcuma et le gingembre par de la muscade et du poivre.

Préparation : 10 min
Cuisson : 20 min
Ingrédients :

- 600 g de chou-fleur
- 2 échalotes
- 1 gousse d'ail
- 5 brins de coriandre
- 250 g de coulis de tomate
- 1 yaourt de soja
- 50 g d'amandes en poudre
- 1 c. à c. de farine type 110
- 3 c. à s. d'huile d'arachide
- 2 c. à s. de sauce soja (ou tamari)
- 1 c. à c. de curcuma
- 1 c. à c. de gingembre

Lavez le chou-fleur et séparez ses bouquets. Pelez l'ail et les échalotes puis hachez-les.

Chauffez le wok. Versez-y l'huile, comptez 1 min, puis saisissez-y l'ail et l'échalote pendant 1 min.

Ajoutez le chou-fleur et mélangez 4 min.

Saupoudrez de curcuma et de gingembre, mouillez avec le coulis de tomate, 20 cl d'eau et la sauce soja. Portez à ébullition puis laissez mijoter 15 min à couvert.

Délayez la farine et la poudre d'amandes dans le yaourt, puis incorporez la préparation dans le wok. Mélangez bien.

Servez parsemé de coriandre ciselée.

Un bon coup de baguette

Les amandes en poudre, ce sont des amandes avant tout, c'est-à-dire des fibres douces, de très bons gras, du magnésium et du calcium (plein !), du potassium (énormément !), de la vitamine E (une des meilleures sources). Bonne pioche.

Nouilles sautées

Ne les laissez pas trop cuire : les nouilles sont à point bien avant les pâtes de froment et ont tendance à ramollir très rapidement ! Le wok peut également les accueillir lors de leur passage à l'eau bouillante : sa grande contenance convient en effet parfaitement à ce type de cuisson.

100 % de chez nous, en remplaçant : les nouilles chinoises par des spaghettis traditionnels (en allongeant le temps de cuisson à l'eau de 5 min), la sauce soja par du vinaigre balsamique et du poivre.

Préparation : 5 min

Cuisson : 10 min

Ingrédients :

- 150 g de nouilles chinoises
- 5 brins de persil
- 1 c. à s. de sauce soja (ou tamari)
- 2 c. à s. d'huile d'olive
- sel gris

Plongez les nouilles dans de l'eau bouillante salée pendant 5 min, puis égouttez-les et rincez-les sous l'eau froide pour arrêter leur cuisson.

Ciselez le persil.

Chauffez le wok. Versez-y l'huile, comptez 1 min, puis jetez-y les nouilles avec la sauce soja et remuez sans arrêt pendant 3 à 5 min.

Servez sans attendre, parsemé de persil ciselé.

Un bon coup de baguette

Dans ce basique, les brins de persil ne font pas que décorer. Ils enrichissent sérieusement le plat en fer, vitamine C, fibres, vitamine E, calcium, potassium, carotènes… on continue ?

Pilaf de millet

Le millet (ou mil ou sorgho) se présente sous forme de petits grains de couleur paille qui ressemblent beaucoup au couscous. Vous le trouverez principalement en boutique diététique.

100 % de chez nous, en remplaçant : la coriandre par du persil, les graines de sésame par des amandes effilées.

Préparation : 20 min

Cuisson : 30 min

Ingrédients :

- 200 g de millet
- 1 botte de carottes nouvelles et leurs fanes
- 1 oignon
- 3 gousses d'ail
- 2 branches de thym
- 10 brins de coriandre
- 3 c. à s. d'huile d'olive
- 2 c. à s. de graines de sésame
- 1 c. à s. de fenugrec (ou à défaut, de curry)
- sel gris, poivre

Pelez et émincez l'ail et l'oignon.

Grattez les carottes et coupez-les en rondelles fines. Lavez leurs fanes et hachez-les.

Chauffez le wok. Jetez-y le millet pour le dorer à sec avec le sésame pendant environ 5 min, en remuant souvent pour ne pas les laisser brûler, puis réservez-les.

Chauffez 1 l d'eau dans une casserole.

Versez l'huile dans le wok, comptez 1 min, puis jetez-y l'ail et l'oignon, les carottes et leurs fanes pour les faire revenir 5 min.

Ajoutez le millet au sésame, le thym et le fenugrec, salez, poivrez, mélangez. Mouillez avec l'eau, couvrez, puis laissez mijoter 20 min.

Servez bien chaud, parsemé de coriandre ciselée.

Un bon coup de baguette

Le millet renferme de la silice, ce qui est très bon pour les ongles et les cheveux. C'est la céréale qui rend beau ! Plus sérieusement, il est aussi fort digeste et offre une très bonne teneur en vitamine B, autrement dit il prend soin de vos nerfs.

Poireaux en effilochée

Si simple et si fondant ! Pour une touche d'originalité sucrée, remplacez l'eau par le jus d'une orange et parsemez de cardamome juste avant de servir.

100 % de chez nous !

Préparation : 10 min

Cuisson : 32 min

Ingrédients :

- 1,5 kg de poireaux
- 2 échalotes
- 1 citron
- 4 c. à s. d'huile d'olive
- sel gris, poivre

Lavez les poireaux, éliminez leurs feuilles les plus dures, puis émincez-les finement dans le sens de la longueur.

Pelez les échalotes puis détaillez-les en lamelles.

Chauffez le wok. Versez-y l'huile, comptez 1 min, puis jetez-y les échalotes pour 2 min. Ajoutez les poireaux, salez, poivrez, mouillez avec 10 cl d'eau, puis couvrez et laissez fondre 30 min à feu très doux, en remuant de temps en temps.

Pressez le citron. Versez son jus dans le wok, avant de servir les poireaux bien chauds.

Un bon coup de baguette

Si le poireau est bicolore, il y a une raison : dans le blanc se concentrent des éléments très diurétiques. Dans le vert, ce sont surtout les fibres et les vitamines. Les deux couleurs apportent une belle palette de minéraux !

Poivrades parfumés

Entre soupe et salade, entre saveurs indiennes et tonalité marseillaise, entre chaleur du bouillon et du safran et fraîcheur de la menthe et de l'anis, ne choisissez pas : goûtez tout à la fois !

100 % de chez nous, en remplaçant : le safran par 2 c. à c. d'anis vert.

Marinade : 10 min

Préparation : 15 min

Cuisson : 10 min

Ingrédients :

- 500 g d'artichauts poivrade
- 2 tomates
- 2 citrons
- 2 gousses d'ail
- 2 branches de menthe
- 10 cl de bouillon de légumes (voir p. 116)
- 2 c. à s. de pastis
- 1 c. à s. d'huile d'olive
- 1 dose de safran
- sel gris, poivre

Versez le bouillon de légumes dans le wok avec le safran, portez à ébullition, puis laissez infuser 10 min hors du feu.

Incisez la peau des tomates et ébouillantez-les 1 min pour les peler facilement, puis taillez-les en petits dés. Pressez les citrons. Ôtez les feuilles foncées et le foin des artichauts, puis coupez-les en fines lamelles dans la longueur et citronnez-les. Épluchez et émincez l'ail.

Chauffez le wok. Versez-y l'huile, comptez 1 min, puis jetez-y l'ail, les artichauts et le reste du jus de citron, salez et poivrez. Laissez revenir 4 min en mélangeant souvent.

Ajoutez les tomates avec le pastis, remuez 1 min, puis mouillez avec le bouillon au safran, couvrez et comptez 5 min à frémissements.

Servez les légumes dans des assiettes creuses avec un fond de bouillon et garnissez de menthe ciselée.

Un bon coup de baguette

L'originalité de l'artichaut, c'est qu'il renferme un sucre particulier nommé « inuline ». L'inuline aide à stabiliser le taux de sucre dans le sang, une propriété essentielle pour les diabétiques mais bien utile pour tout un chacun : adieu fringales et coups de pompe !

Poivrons marinés

Froide ou légèrement réchauffée, cette petite salade toute simple est agréable en entrée, mais carrément magique en accompagnement d'une viande ou renversée sur un plat de pâtes.

100 % de chez nous !

Préparation : 10 min

Marinade : 2 h

Cuisson : 10 min

Ingrédients :

- 6 poivrons (2 verts, 2 rouges, 2 jaunes)
- 2 gousses d'ail
- 30 g d'olives noires
- 2 brins de persil
- 4 c. à s. d'huile d'olive
- 2 c. à s. de vinaigre balsamique
- 1 c. à s. d'herbes de Provence
- sel gris, poivre

Rincez les poivrons et séchez-les. Ôtez leur peau au couteau économe, puis égrenez-les et coupez-les en lanières. Pelez et hachez l'ail.

Portez 2 l d'eau salée à ébullition dans le wok puis plongez-y les poivrons pendant 5 min (ne prolongez pas la cuisson : ils doivent rester légèrement croquants). Égouttez-les.

Videz le wok. Versez-y l'huile, comptez 1 min, puis jetez-y l'ail pour le faire revenir 5 min avec les herbes de Provence, les poivrons, les olives, du sel et du poivre.

Transvasez alors dans un plat, arrosez de vinaigre, parsemez de persil ciselé. Couvrez d'un film alimentaire et réservez au frais pendant 2 h avant de servir.

Un bon coup de baguette

Festival de vitamine C et d'antioxydants au programme ! Et si vous imaginez que vous digérez mal les poivrons, c'est sans doute parce qu'ils ne sont pas épluchés ou en tout cas pas accommodés comme ici.

Risotto de quinoa

Petite graine au goût inimitable, le quinoa se cuit comme du riz, est à point lorsque son enveloppe a éclaté, se déguste froid ou chaud et, on vous le promet, plaît vraiment à tous.

100 % de chez nous, en remplaçant : les graines de sésame par 15 g de noisettes concassées.

Préparation : 10 min

Cuisson : 25 min

Ingrédients :

- 150 g de quinoa
- 1 oignon
- 1 échalote
- 1 gousse d'ail
- 1 carotte
- 2 c. à s. de graines de sésame
- 25 cl de sauce tomate
- sel gris, poivre
- 1 c. à s. d'huile d'olive

Pelez l'oignon, l'ail et l'échalote, grattez la carotte, puis détaillez-les tous en petits cubes.

Chauffez le wok. Versez-y 1 c. à s. d'huile, comptez 1 min, puis jetez-y ces légumes pour les saisir 2 min.

Ajoutez le quinoa et dorez-le 3 min.

Salez, poivrez. Couvrez d'eau à hauteur puis laissez frémir jusqu'à ce que tout le liquide ait disparu (10 min environ).

Versez la sauce tomate et poursuivez la cuisson 10 min.

Servez parsemé des graines de sésame.

Un bon coup de baguette

On trouve du quinoa partout maintenant et c'est tant mieux : pensez à lui pour remplacer la viande de temps à autre, vous avez tout à gagner à consommer ses protéines végétales de haute qualité. Bonne source de magnésium et de vitamine B, remarquable vecteur de potassium, il fait du bien, tout simplement.

Riz aux noix

Plat unique pour dîner léger, base d'un repas végétarien ou accompagnement raffiné d'une viande bien relevée. Les champignons sont, au choix, chinois ou issus de nos sous-bois.

100 % de chez nous, en remplaçant : les noix de cajou par des noix de Grenoble, la cardamome et la cannelle par le jus d'un demi-citron et 1 c. à s. de sucre complet.

Préparation : 30 min
Cuisson : 42 min
Ingrédients :

- 250 g de riz complet
- 125 g de champignons
- 200 g de petits pois
- 2 carottes
- 1 poivron rouge
- 1 oignon
- 1 gousse d'ail
- 100 g de noix de cajou
- 3 c. à s. d'huile d'olive
- 1 c. à s. de cardamome
- 1 c. à s. de cannelle
- 3 clous de girofle
- sel gris, poivre

Plongez le riz dans une grande quantité d'eau bouillante salée, avec la cardamome, la cannelle et les clous de girofle pendant 30 min, puis égouttez-le et laissez-le refroidir complètement.

Écossez les petits pois. Grattez les carottes, râpez-les. Nettoyez les champignons, émincez-les. Ôtez la peau du poivron au couteau économe, et détaillez-le en lanières fines. Pelez l'ail et l'oignon puis hachez-les.

Chauffez le wok. Versez-y l'huile, comptez 1 min, puis jetez-y le poivron, l'ail et l'oignon pour les faire revenir 3 min.

Ajoutez les champignons, les carottes et les petits pois pour les faire sauter pendant 6 min.

Salez, poivrez, incorporez le riz et les noix de cajou. Mélangez encore 3 min.

Servez bien chaud.

Un bon coup de baguette

Riz + noix = protéines équilibrées. Ce duo prend la place du poisson, de l'œuf ou de la viande pour vous offrir ses fibres, ses minéraux, et bien d'autres composés bénéfiques encore. Avec ses amis les légumes et les épices, il nous mène aux antipodes du plat végétarien fade et peu appétissant.

Riz cantonais

Un classique de la cuisine chinoise plus original par sa composition que par son goût.

100 % de chez nous, en remplaçant : la sauce soja par du vinaigre balsamique.

Préparation : 20 min

Cuisson : 40 min

Ingrédients :

- 250 g de riz complet
- 100 g de blanc de poulet
- 200 g de petits pois
- 6 brins de ciboulette
- 2 œufs riches en oméga 3
- 1 c. à s. de crème végétale
- 3 c. à s. d'huile d'arachide
- 2 c. à s. de sauce soja (ou tamari)
- sel gris, poivre

Remplissez le wok d'eau salée, portez à ébullition et plongez-y le riz et les petits pois. Déposez les blancs de poulet sur la grille vapeur, couvrez et laissez cuire 25 min, puis égouttez le riz et les petits pois et laissez-les refroidir. Videz et essuyez le wok.

Coupez la viande en dés, ciselez la ciboulette.

Battez les œufs avec la crème, du sel et du poivre.

Chauffez le wok. Versez-y 1 c. à s. d'huile, comptez 1 min, puis versez-y les œufs et laissez-les prendre 4 à 5 min. Coupez cette omelette en dés.

Chauffez le reste de l'huile dans le wok pendant 1 min, puis jetez-y le riz pour le faire sauter 2 min. Ajoutez la viande et les petits pois, mélangez 5 min. Terminez par les dés d'omelette et la sauce soja, parsemez de ciboulette et poursuivez la cuisson 3 min.

Servez tel quel ou en accompagnement de poissons ou de fruits de mer.

Un bon coup de baguette

Ce plat, classé parmi les « céréales et légumes », peut certes être un accompagnement, mais il est également complet : protéines en pagaille, sucres lents, bons équilibre en gras – le compte est bon.

Sauté de brocolis

Entre fondant et croquant, les brocolis livrent presque intacte toute la douceur de leur saveur. Ne les laissez pas sauter trop longtemps. Trop cuits et ramollis, ils ont tendance à se défaire.

100 % de chez nous, en remplaçant : les champignons chinois par des cèpes ou des girolles (sans les laisser tremper), la sauce soja par du vinaigre balsamique, du sel et du poivre, le gingembre par du cumin ou du piment.

Trempage : 30 min

Préparation : 10 min

Cuisson : 11 min

Ingrédients :

- 4 têtes de brocolis
- 10 champignons chinois
- 1 gousse d'ail
- 10 brins de ciboulette
- 5 brins de persil
- 3 c. à s. d'huile d'olive
- 2 c. à s. de sauce soja (ou tamari)
- 1 c. à s. de gingembre

Plongez les champignons dans de l'eau tiède pendant 30 min, puis rincez et égouttez-les. Lavez les brocolis et séparez leurs bouquets. Pelez et hachez l'ail.

Chauffez le wok. Versez-y l'huile, comptez 1 min, puis jetez-y l'ail pour le saisir 1 min.

Ajoutez les brocolis et les champignons, remuez pendant 2 min sans arrêt, puis saupoudrez de gingembre, arrosez de sauce soja et laissez sauter 8 min en remuant souvent.

Servez parsemé de persil et de ciboulette ciselés.

Un bon coup de baguette

Le brocoli participe à la prévention contre divers cancers, c'est prouvé et vérifié. Ce sont ses substances azotées (les indoles) qui se chargent de cette tâche ardue. Mais c'est aussi l'un des végétaux les mieux pourvus en vitamine C, ce qui ne gâche rien !

Sauté de Provence

On rappelle le principe du wok ? On coupe tout très fin et tout petit, on saisit quelques minutes et on déguste les légumes encore un peu croquants : c'est bon sous toutes les latitudes.

100 % de chez nous !

Préparation : 20 min

Cuisson : 11 min

Ingrédients :

- 4 courgettes
- 2 poivrons
- 4 tomates
- 2 oignons
- 2 gousses d'ail
- 20 g d'olives noires
- 2 branches de romarin
- 6 branches de thym
- 3 c. à s. d'huile d'olive
- sel, poivre

Incisez la peau des tomates et plongez-les dans de l'eau bouillante pendant 1 min pour pouvoir les peler facilement, puis débitez-les en fins quartiers. Rincez les courgettes puis tranchez-les en rondelles pas trop épaisses. Ôtez la peau des poivrons au couteau économe, épépinez et détaillez-les en lanières. Hachez l'ail et les oignons. Ciselez le thym et le romarin. Dénoyautez les olives.

Chauffez le wok. Versez-y l'huile, comptez 1 min, puis jetez-y l'oignon pour le laisser fondre 3 min. Ajoutez les poivrons, les courgettes, l'ail, le thym et le romarin, salez, poivrez et laissez sauter 4 min, en remuant de temps en temps.

Terminez avec les tomates et les olives, puis poursuivez la cuisson 4 min.

Servez sans attendre.

Un bon coup de baguette

Ça sent le Sud, et si les Asiatiques nous ont envoyé le wok, nous pourrions les remercier en leur donnant l'huile d'olive : égalité pour la palme d'or santé. Puisqu'on en est aux rappels, un point sur cette huile tirant sur le vert, dont les admirables propriétés pour notre cœur ne sont plus à démontrer : c'est le plus digeste des corps gras, elle est douce avec tout l'appareil digestif et renferme même des antioxydants !

Tagliatelles du jardin

Pour gagner un peu de temps de préparation, choisissez des petits pois et fèves surgelés, nature, mais déjà écossés et épluchés !

100 % de chez nous !

Préparation : 40 min

Cuisson : 13 min

Ingrédients :

- 300 g de tagliatelles
- 200 g de fèves
- 200 g de petits pois
- 100 g de mâche
- 3 oignons
- 3 carottes
- 2 branches d'estragon
- 4 c. à s. d'huile d'olive
- sel gris, poivre

Écossez les petits pois et les fèves puis épluchez ces dernières.

Pelez et émincez les oignons. Grattez les carottes et détaillez-les en rondelles fines. Lavez la mâche et essorez-la. Rincez l'estragon.

Chauffez une grande quantité d'eau salée dans le wok. Plongez-y les tagliatelles avec les fèves et les petits pois. Laissez frémir 5 min après la reprise de l'ébullition, puis égouttez-les.

Versez l'huile d'olive dans le wok, comptez 1 min, puis jetez-y les oignons et les carottes pour les faire revenir 5 min.

Incorporez la mâche, puis les pâtes aux légumes. Poivrez, mélangez bien, puis poursuivez la cuisson 3 min à feu vif, en remuant souvent.

Servez parsemé d'estragon.

Un bon coup de baguette

« J'ai descendu dans mon jardin… » et à défaut de romarin, j'en ai rapporté tout un tas de bonnes choses, dont par exemple la mâche, qui renferme des oméga 3. En la faisant chauffer un peu, on assimile en outre mieux ses carotènes protecteurs. Original, de la mâche chaude, non ?

Desserts

Ananas aux fruits confits

Kumquats et gingembre confits relèvent la douceur de l'ananas de notes acidulées et parfumées. Vous les trouverez surtout en boutiques asiatiques.

100 % de chez nous, en remplaçant : les kumquats et le gingembre par d'autres fruits confits (pommes, poires, cerises, etc.)

Préparation : 10 min
Cuisson : 7 min
Ingrédients :

- 1 ananas
- 6 kumquats confits
- 20 g de gingembre confit
- 20 g de noix de coco râpée
- 1 c. à c. de vanille liquide
- 1 c. à s. de miel
- 3 c. à s. d'huile d'arachide

Épluchez l'ananas, ôtez son cœur, tranchez-le en rondelles puis en petits triangles, en récupérant son jus.

Hachez les fruits confits.

Chauffez le wok. Versez-y l'huile, comptez 1 min, puis jetez-y l'ananas avec le miel et laissez fondre 5 min en remuant souvent.

Ajoutez les fruits confits, mouillez avec le jus de l'ananas et la vanille, puis poursuivez la cuisson pendant 2 min.

Répartissez dans des coupes, nappez du sirop récupéré au fond du wok.

Servez tiède, parsemé de noix de coco.

Un bon coup de baguette

Cette recette-là, c'est beaucoup de plaisir, mais aussi beaucoup de sucre. Elle est interdite aux diabétiques, pour cause de fruits confits… Quant aux candidats à la minceur, ils se contenteront de l'ananas !

Bananes d'automne

L'odeur de la banane chaude évoque immanquablement les goûters d'enfance. Aussitôt désiré, aussitôt prêt, tendre et fondant dans l'assiette, un dessert juste pour se faire plaisir.

100 % de chez nous !

Préparation : 5 min

Cuisson : 6 min

Ingrédients :

- 4 bananes
- 20 cerneaux de noix
- 1 citron
- 2 c. à s. de sucre complet
- 2 c. à s. de crème végétale
- 3 c. à s. d'huile d'arachide
- 1 c. à c. de cannelle
- 1 pointe de muscade

Concassez les noix. Pressez le citron. Épluchez les bananes, coupez-les en rondelles fines et citronnez-les.

Chauffez le wok. Versez-y l'huile, comptez 1 min, jetez-y le sucre, la cannelle et la muscade, puis laissez fondre le tout pendant 2 min.

Ajoutez les bananes pour 2 min. Retournez-les délicatement, incorporez les noix et poursuivez la cuisson pendant encore 2 min.

Arrosez de crème et servez chaud ou tiède.

Un bon coup de baguette

Faut-il vraiment un prétexte à la gourmandise ? Prenons-en un au hasard : la banane est l'une des meilleures sources en potassium, un minéral qui nous fait globalement défaut et dont nous avons un besoin crucial. Si vous avez les jambes lourdes, si vous vous sentez « gonflée » avec une tendance à retenir l'eau, achetez des bananes et mangez-les… par les deux bouts !

Figues au sirop

Fraîches ou sèches ? Hors saison, réalisez ce dessert avec des figues sèches trempées toute une nuit dans un bol de thé vert.

100 % de chez nous, en remplaçant : les citrons verts par 1 jaune, la cardamome par de la cannelle.

Préparation : 15 min
Cuisson : 15 min
Réfrigération : 2 h
Ingrédients :

- 800 g de grosses figues
- 2 citrons verts
- 20 cl de jus de raisin
- 2 c. à s. de miel
- 1 c. à c. de vanille liquide
- 1 c. à s. de cardamome en poudre

Équeutez les figues et coupez-les en 2.

Prélevez le zeste des citrons puis détaillez-le en fins filaments. Plongez ceux-ci dans une casserole d'eau froide, portez à ébullition et laissez frémir 3 min, puis égouttez-les.

Chauffez le wok. Versez-y 1 c. à s. d'eau et le miel, comptez 1 min, puis incorporez le jus de raisin, la vanille, la cardamome, et laissez réduire doucement pendant 5 min en remuant souvent.

Ajoutez les figues et maintenez à frémissements 10 min en remuant délicatement de temps en temps.

Attendez que la préparation soit bien refroidie, puis parsemez des zestes et réservez pendant 2 h au réfrigérateur.

Servez frais.

Un bon coup de baguette

La figue est la grande amie des transits perturbés, surtout ralentis. Mais ses admirables fibres, appelées pectines, aident aussi à contrôler l'appétit et le taux de cholestérol. Il n'y a plus aucune raison de se priver de dessert. (Les figues fraîches sont moins sucrées que les sèches, c'est mieux.)

Fondant de poires chaudes

Une crème douce, quelques copeaux de chocolat un peu amer pour dynamiser la douceur des poires… Qui a dit : encore ?

100 % de chez nous !

Préparation : 10 min

Cuisson : 5 min

Ingrédients :

- 4 poires
- 1 citron
- 2 c. à s. de crème végétale
- 1 c. à s. de miel
- 4 carrés de chocolat noir
- 2 c. à s. d'huile d'arachide

Pressez le citron.

Pelez les poires, ôtez leur cœur, puis tranchez-les en lamelles fines et citronnez celles-ci pour les garder bien blanches.

Chauffez le wok. Versez-y l'huile, comptez 1 min puis déposez-y les poires et remuez-les délicatement pendant 4 min.

Incorporez la crème et le miel, mélangez bien et poursuivez la cuisson 1 min à feu doux.

Répartissez les poires dans des coupes, nappez de sauce.

Servez tiède, parsemé du chocolat râpé en copeaux.

Un bon coup de baguette

Oui, il y a du chocolat, et alors ? Quelqu'un a quelque chose contre le magnésium, les flavonoïdes protecteurs et antioxydants, les acides gras qui ne font pas grimper le cholestérol, le potassium ? Non ? Alors, qu'attendez-vous pour en croquer un petit carré après ce charmant dessert tout fin ?

Fraises piquantes

Étonnant et très rafraîchissant, ce dessert requiert, pour révéler toute la richesse de ses saveurs, des fraises très parfumées. Dédaignez les gros fruits trop aqueux, surtout hors saison. Les fraises des bois ou les garriguettes lui conviennent en revanche parfaitement.

100 % de chez nous, en remplaçant : le gingembre par du poivre.

Préparation : 6 min
Cuisson : 6 min
Réfrigération : 2 h
Ingrédients :

- 400 g de fraises
- 2 branches de basilic
- 4 c. à s. de sucre complet
- 1 c. à s. d'eau de fleur d'oranger
- 2 c. à s. d'huile d'arachide
- 2 c. à s. de vinaigre balsamique
- 1 c. à s. de gingembre

Rincez et équeutez les fraises, puis coupez-les en 4.

Chauffez le wok. Versez-y l'huile, comptez 1 min puis jetez-y les fraises avec le sucre et le gingembre, et remuez délicatement pendant 4 min à feu doux.

Mouillez avec le vinaigre et l'eau de fleur d'oranger, puis maintenez encore 2 min à frémissements.

Répartissez les fraises dans des coupes, nappez de sirop, puis réservez au réfrigérateur pendant 2 h.

Servez décoré de basilic ciselé.

Un bon coup de baguette

Ramener sa fraise, c'est être sûr de croquer dans de la vitamine C. Ce ne sont pas les quelques petites minutes de chaleur qui vont lui faire peur, de ce point de vue-là, et c'est toute la force du wok : transformer en dessert magique un fruit nutritionnellement excellent sans en détruire la « substantifique moelle ».

Fruits en salade chaude

Les mélanges exotiques acceptent volontiers les mariages épicés : cardamome, cannelle, badiane, anis vert, ou plus fort, gingembre ou poivre. Pour choisir, laissez parler vos envies du moment !

100 % de chez nous, en remplaçant : l'ananas par 2 oranges, la mangue et la papaye par 2 pommes et 1 poire, les litchis par 1 grappe de raisin noir, les kiwis par 1 banane, les 2 citrons verts par 1 jaune, et le jus de fruits par un jus de pamplemousse rose.

Préparation : 25 min

Cuisson : 12 min

Ingrédients :

- 1 petit ananas
- 1 mangue
- 2 kiwis
- 1 papaye
- 8 litchis
- 2 citrons verts
- 2 branches de menthe
- 10 cl de jus de fruits exotiques
- 1 c. à s. de sucre complet
- 1 c. à s. de vanille liquide
- 3 c. à s. d'huile d'arachide

Pelez la mangue, les litchis et la papaye, ôtez noyaux et pépins, épluchez l'ananas et les kiwis. Coupez tous ces fruits en dés. Pressez les citrons.

Chauffez le wok. Versez-y l'huile, comptez 1 min, puis jetez-y d'abord la mangue et la papaye pour 3 min en mélangeant régulièrement.

Ajoutez l'ananas et les kiwis avec le miel, remuez 5 min, puis incorporez les litchis, mouillez avec la vanille, le jus de fruits et celui des citrons.

Laissez frémir 3 min, jusqu'à obtenir une consistance sirupeuse.

Saupoudrez de sucre, remuez 1 min.

Servez chaud, parsemé de menthe ciselée.

Un bon coup de baguette

Les nutritionnistes adorent les mélanges de légumes parce que leurs composés se mêlent, œuvrant en synergie pour notre santé. Nous sommes exactement dans le même cas ici, sauf qu'il s'agit de fruits. Vous vous rendez compte de toutes les vitamines, de tous les antioxydants qui se tiennent chaud les uns les autres au fond du wok ? Les fruits exotiques en renferment particulièrement. Se faire du bien, c'est quand même drôlement bon.

Fruits secs en nage de thé

En dessert ou pour le goûter, ces fruits secs se font tendres et merveilleusement parfumés. Ils peuvent aussi se mixer, dans un peu de leur nage de thé, pour devenir compote à déguster dès le petit déjeuner.

100 % de chez nous !

Préparation : 20 min
Marinade : 24 h
Cuisson : 10 min
Ingrédients :

- 200 g de pruneaux
- 100 g de figues sèches
- 100 g de dattes
- 60 g de raisins secs
- 2 oranges
- 1 citron
- 2 doses de thé vert
- 1 c. à s. d'eau de fleur d'oranger
- 1 c. à s. de cannelle

Dénoyautez les pruneaux et les dattes, équeutez les figues, puis coupez-les tous en petits dés. Pressez les oranges et le citron.

Chauffez le wok. Versez-y 1 l d'eau, la cannelle et le jus des agrumes. Portez à ébullition, puis jetez-y le thé et l'eau de fleur d'oranger et comptez 10 min pour qu'il soit bien infusé.

Filtrez le thé, plongez-y les fruits secs et laissez mariner pendant 24 h au réfrigérateur.

Servez frais.

Un bon coup de baguette

Encore un dessert qui ne fait pas semblant : il n'est pas question de lui rajouter du sucre et mieux vaut le déguster après un repas léger. Dans ces conditions, vous profiterez pleinement de la teneur légendaire en minéraux et en fibres des fruits secs.

Pêches acidulées

Pour concasser des fruits secs (noix, noisettes ou, comme ici, pistaches), commencez par les décortiquer, puis enfermez-les dans un petit sac plastique bien fermé. Armez-vous ensuite d'un marteau ou d'un rouleau à pâtisserie, et… frappez ! Un bon moyen de vous défouler en cas de besoin. Pas trop longtemps tout de même, il ne s'agit pas de tout réduire en poudre.

100 % de chez nous, en remplaçant : le citron vert par ½ jaune, la cardamome par de l'anis vert.

Préparation : 10 min

Cuisson : 5 min

Ingrédients :

- 4 pêches blanches
- 1 citron vert
- 30 g de pistaches non salées
- 30 g de sucre complet
- 1 tasse de thé vert
- 2 c. à s. d'huile d'arachide
- 1 c. à s. de cardamome

Pressez le citron.

Pelez les pêches, séparez-les en 2, et ôtez leurs noyaux.

Chauffez le wok. Versez-y l'huile, comptez 1 min puis ajoutez les pêches, saupoudrez de sucre et de cardamome, mouillez avec le thé et maintenez à frémissements 5 min.

Répartissez les fruits dans des coupelles, nappez de sirop au thé, puis réservez au réfrigérateur.

Servez très frais, parsemé des pistaches concassées.

Un bon coup de baguette

Inimitable arôme de la pêche ! Il provient de pas moins de 80 éléments volatiles, joliment nommés terpènes, lactones, cétones. Et comme un bonheur n'arrive jamais seul, ces terpènes et compagnie sont bons pour la santé. La vie est merveilleuse !

Soupe de melon

Épaisse, fraîche et parfumée, c'est la soupe-dessert traditionnelle du Nouvel An chinois. Elle viendra à votre table d'été avec bonheur, après un déjeuner léger, car elle est plus consistante qu'elle paraît !

100 % de chez nous !

Préparation : 10 min
Cuisson : 8 min
Réfrigération : 2 h
Ingrédients :

- 2 melons
- 4 branches de menthe
- 100 g de fécule de pomme de terre
- 25 cl de lait d'amande
- 4 c. à s. de miel

Coupez les melons en deux, ôtez leurs pépins, puis prélevez la chair à l'aide d'une cuillère parisienne pour former des petites boules. Ciselez la menthe.

Chauffez le wok. Versez-y 75 cl d'eau avec le miel et portez à frémissements 2 min.

Délayez la fécule dans un peu de liquide chaud, puis incorporez-la dans le wok et laissez épaissir 3 min.

Ajoutez le lait et la menthe et poursuivez la cuisson 3 min.

Transvasez la préparation dans un saladier et réservez-la au réfrigérateur pendant 2 h.

Répartissez les boules de melon dans les assiettes, puis nappez avec la soupe au lait.

Servez bien frais.

Un bon coup de baguette

Le melon, c'est orange. Et plus c'est orange, mieux ça vaut : cette couleur éclatante signe un fort taux de carotènes. Comme en outre ce beau fruit rond ne cuit pas, il conserve intacte sa grande teneur en vitamine C.

Thé de Chine en flans

Un dessert consistant, idéal après un repas léger ou en guise de goûter. N'hésitez pas à choisir un thé corsé dont la force soulignera tout le caractère de ces flans.

100 % de chez nous !

Préparation : 15 min

Cuisson : 20 min

Ingrédients :

250 g de tofu
4 œufs riches en oméga 3
80 g de miel
35 cl de lait d'amande
30 g d'amandes effilées
1 dose de thé
1 c. à c. de vanille liquide
1 c. à c. d'amande amère
1 c. à s. d'huile d'arachide

Chauffez le wok. Versez-y le lait, portez-le doucement à frémissements puis jetez-y le thé et laissez infuser 5 min hors du feu. Filtrez.

Mixez-le ensuite avec le tofu, les œufs et le miel, la vanille et l'amande amère pour obtenir une crème assez épaisse.

Versez 50 cl d'eau dans le wok, et portez à ébullition.

Huilez 4 ramequins, répartissez-y la préparation, puis rangez-les dans un panier en bambou. Disposez celui-ci sur la grille vapeur, couvrez le wok hermétiquement et comptez 20 min de cuisson, en vérifiant le niveau de l'eau de temps en temps. S'il en manque, complétez avec un peu d'eau chaude.

Refroidissez les crèmes au réfrigérateur, puis démoulez-les.

Servez parsemé des amandes.

Un bon coup de baguette

Le miel est meilleur pour la santé que le sucre. Non seulement il renferme des composés bénéfiques, mais en plus il aide à stabiliser le taux de sucre sanguin. D'une manière générale, mieux vaut donc « sucrer au miel », mais sans abuser naturellement. On compte sur vous.

Petit abécédaire du wok

Baguettes

Accessoire que l'on pourrait croire indispensable, mais qui peut vite énerver lorsqu'on n'a pas l'habitude. On raconte que si l'on coupe systématiquement tous les aliments en fins bâtonnets, julienne et autres petits morceaux, c'est pour pouvoir les attraper plus facilement avec les baguettes. Peut-être. Chez nous, on mange à la fourchette. À vous de voir ! En tout cas, si vous optez pour les baguettes, choisissez-les en bois plutôt qu'en plastique, c'est quand même plus agréable en bouche.

Bouillon

Liquide de cuisson à base de volailles ou de légumes, utilisé pour réaliser potages ou sauces. Les tablettes toutes prêtes du commerce sont souvent décevantes, et généralement bien trop salées. Préférez le fait maison, variable à l'infini selon les produits du marché, sans oublier les herbes et épices. Un peu long, mais très bon, et facile à conserver au congélateur en petites portions. Voici deux recettes, pour commencer. N'hésitez pas à les adapter et à les compléter à votre idée.

Bouillon de légumes	
• 1,5 l d'eau • 3 carottes • 4 navets • 1 poireau • 1 branche de céleri • 1 bulbe de fenouil • 1 oignon • 2 branches de thym • 1 feuille de laurier	**G**rattez les carottes, épluchez les navets et l'oignon, lavez le fenouil, le céleri et le poireau puis débitez tous ces légumes en gros morceaux. **V**ersez l'eau dans le wok, ajoutez les légumes, le thym et le laurier, portez à ébullition puis couvrez et laissez mijoter à feu doux pendant 1 h 30. **F**iltrez et laissez refroidir, puis conservez jusqu'à utilisation.

Bouillon de volaille	
• 1,5 l d'eau Au choix : • 1 carcasse de volaille ou de lapin • 1 carotte • 1 poireau • 1 oignon • 1 branche de céleri • 2 branches de thym • 2 feuilles de laurier • 2 brins de persil	**G**rattez la carotte, pelez l'oignon, lavez le céleri et le poireau puis débitez-les en gros morceaux. **V**ersez l'eau dans le wok, portez à ébullition puis plongez-y la carcasse. Écumez soigneusement puis ajoutez les légumes et les herbes, et comptez 1 h de cuisson à couvert à feu moyen après la reprise de l'ébullition. **F**iltrez et laissez refroidir, puis conservez jusqu'à utilisation.

CHAMPIGNONS CHINOIS

D'une manière générale, ils sont nettement plus goûteux que les champignons occidentaux. Les plus courants sont les champignons noirs et le shii-také.
Les premiers fleurent bon le sous-bois, et leur texture souple est typique. On les trouve sous forme séchée, il faut donc les faire tremper, bien sûr.
Les seconds n'ont rien à voir : ils ressemblent plus à « nos » champignons, et d'ailleurs ils poussent chez nous sous l'appellation « lentins du chêne ». Sauf que nos lentins ont moins de caractère et d'arôme que les lentins chinois, c'est comme ça. Donc c'est soit du frais d'ici, soit du séché de là-bas. Encore une fois, à vous de choisir, l'un comme l'autre sont comparables.

CITRONNELLE

À mi-chemin entre l'épice et l'aromate, l'odeur fraîche de la citronnelle est traditionnellement employée pour repousser les moustiques ! Voilà qui est passionnant, surtout en dehors de la période estivale… Quoi qu'il en soit, sa saveur rafraîchissante en fait un classique de la cuisine au wok, en toute saison.

COUTEAU QUI COUPE !

La base. On l'a dit, l'une des conditions *sine qua non* du succès est de découper en petites lanières tout aliment destiné à terminer au fond du wok. Avec un couteau bien aiguisé, c'est un plaisir, fugace mais couronné de succès. Avec une vieille lame version ciseaux à bouts ronds de notre enfance, c'est la croix et la bannière, l'opération peut prendre la journée et le résultat s'avérer désastreux. Un simple mais bon couteau d'office fait parfaitement l'affaire.

ÉPICES

Le wok, c'est une machine à couleurs, à odeurs, à saveurs. Le socle rêvé pour donner libre cours à votre imagination épicée, ou pour vous initier aux délices du gingembre, de la muscade, de la cardamome ou de la cannelle. Les épices imprégneront bien tous les petits morceaux saisis, enrobant parfois de leur belle couleur jaune (pour le curry par exemple) chaque ingrédient. Et n'oublions pas qu'elles possèdent des propriétés santé, notamment antibactériennes et antioxydantes.

FINES HERBES

Encore un révélateur de goût du meilleur effet. Rappelez-vous cette règle de base : les épices s'ajoutent en début de cuisson, les fines herbes, tout à la fin. L'objectif est de conserver leur belle teneur en vitamine C, mais aussi leur saveur, qui capitule sous la chaleur.

FRAIS

Bien sûr, il existe des « poêlées wok » surgelées. Bien sûr, on peut mettre ce qu'on veut à cuire dedans. Mais si l'objectif est de manger de bons petits plats sains, équilibrés et goûteux, le frais est irremplaçable, personne ne nous contredira. C'est tellement simple et rapide de réunir trois aliments frais, de les découper et de les jeter au fond de l'ustensile que vous allez vraiment chercher misère en faisant autrement…

FRUITS

Le wok offre la possibilité de préparer des desserts très originaux, tout en restant simples, comme toujours. Par exemple, des fruits enrobés d'une fine couche de ceci, ou de cela. Les fruits adorent passer au wok, qui leur laisse tout leur croquant, mais les restitue chauds. Magique ! Un « simple fruit » devient un vrai dessert en quelques mouvements de poignet.

GERMES DE SOJA

Les germes de soja sont généralement vendus au rayon « salade », entre la romaine et la mâche. Crus ou cuits, ils croquent sous la dent. Leurs propriétés nutritionnelles diffèrent peu de celles des salades en général : de l'eau, des sels minéraux, c'est déjà ça. Ne confondez pas avec les graines de soja, dont on tire le tofu !

GINGEMBRE

Cette épice, fréquemment employée en cuisine asiatique, mérite quelques lignes. Sa saveur puissante ne convient pas à tous les palais, mais ses propriétés santé font l'unanimité. Le gingembre aide à digérer, combat les nausées (même celles des femmes enceintes, réputées rebelles), mais s'avère surtout un très grand protecteur cardiaque. Cerise sur le gâteau : il combat les rhumatismes. Alors pensez à acheter une petite racine de gingembre frais (toujours meilleur que séché ou surgelé) pour parfumer quelques légumes ou poissons de temps à autres, pour voir…

GRILLE (POUR LA VAPEUR)

Accessoire indispensable celui-là (pas comme les baguettes) si vous voulez utiliser votre wok comme cuit-vapeur.

HUILES D'OLIVE / D'ARACHIDE

Les deux huiles qui supportent réellement la chaleur. Leurs acides gras, principalement dits « mono-insaturés » donc fort résistants, ne sont pas dénaturés par la cuisson, ce qui n'est guère le cas de la quasi-totalité des autres huiles. On ne présente plus celle d'olive, l'un des piliers du régime méditerranéen. Mais pensez à varier, chaque huile apportant ses spécificités.

LÉGUMES

Qui dit wok dit légumes. Festival de couleurs et de textures garanti ! La ruse, c'est qu'avec le wok, vous ne cherchez plus à comprendre quoi cuit comment : tout (ou presque) file au fond du wok, et le miracle opère. Vous ne pourrez pas dire qu'on ne fait pas tout ce qu'on peut pour vous faire consommer plus de légumes ; on prend soin de votre santé et de votre ligne, nous ! Même les réfractaires aux végétaux devraient apprécier les « nouveaux légumes » tout chauds issus de votre appareil magique !

MARCHÉ

Forcément, avec votre wok, vous aurez envie de bons produits frais, testerez de nouvelles associations (oui, on peut adjoindre autre chose au blanc de poireaux que des carottes). Il faudrait faire une enquête, mais le pourcentage des possesseurs de wok arpentant les allées des marchés doit être plus élevé que la moyenne. Parler avec les petits producteurs, demander son avis au maraîcher sur telle ou telle herbe, réclamer au boucher les pièces les plus tendres et au poissonnier les filets les plus frais, c'est au marché et nulle part ailleurs.

NOUILLES CHINOISES

L'usage que l'on fait des nouilles chinoises n'a qu'un lointain rapport avec leurs cousines par alliance italiennes. D'abord, les nouilles chinoises peuvent être issues de blé mais aussi de riz (donc à base de farine de riz), ensuite elles ne sont presque jamais consommées seules : elles entrent surtout dans la composition de soupes ou de plats santé, au milieu de légumes, poisson, noix de cajou, etc.

POISSON

C'est la fête des amateurs de poissons, de crustacés et de fruits de mer ! Avec le wok, tout est permis, tout est facile, tout conserve une saveur prononcée et fraîche. Terminés les ronds de calamar caoutchouteux, le saumon filandreux, les gambas qui se délitent comme du papier mâché. Quant on sort de son milieu marin pour plonger dans le wok, on termine digne, droit et ferme. Beau destin.

POUSSES DE BAMBOU

Un ingrédient inimitable, irremplaçable par un quelconque autre légume de chez nous. La pousse de bambou n'a rien de particulièrement remarquable, d'un point de vue diététique, mais sans elle, un plat n'est pas le même. Tout simplement. Vous n'en trouverez pas de fraîche, à moins d'aller faire vos courses sur un marché en Asie, et encore ce n'est pas si facile à dénicher.

SAUCE SOJA ET TAMARI

Issue de la fermentation de graines de soja (les mêmes qui fournissent le tofu) et de froment, la sauce de soja promène sa touche corsée et salée au gré des plats qu'elle agrémente. Son petit frère, le tamari, à la saveur légèrement plus fine, ne contient pas de blé. Attention : à utiliser avec parcimonie, tant leur teneur en sel est élevée.

SAISONS

Tout palais quelque peu gourmand, toute personne un tant soit peu concernée par sa santé respecte les saisons. C'est logique, économique, mathématique. Une tomate poussée sous serre à grand renfort de produits chimiques, souvent cultivée hors sol, n'apercevant qu'à peine les rayons du soleil le jour où elle est mise en vente (mais pas avant), gorgée d'eau, n'a rien de commun avec sa cousine élevée en plein champ, ronde de saveur et de composés protecteurs, croquée en plein été. C'est pareil pour tous les autres aliments, y compris certains poissons ou viandes (mais c'est plus flagrant pour les végétaux). Un légume de saison est meilleur, plus recommandé pour la santé, moins cher et moins fragile qu'un autre « hors saison ». Maintenant, à vous de voir.

Au printemps

LÉGUMES	FRUITS
Artichaut Asperge Chou-fleur Concombre Courgette Épinard Herbe (persil, cerfeuil, estragon...) Radis noir Radis rose Tomate	Cerise Fraise Framboise Mangue Pomme

En été

LÉGUMES	FRUITS
Artichaut Brocoli Champignon sauvage Concombre Courgette Fenouil Haricot vert Haricot à écosser Poivron Tomate	Abricot Cerise Figue Fraise Framboise Melon Nectarine Pastèque Pêche Fruit rouge (groseille, mûre, myrtille, cassis) Poire Prune Raisin

En automne

LÉGUMES	FRUITS
Brocoli Céleri rave Champignon sauvage Chou Chou de Bruxelles Chou-fleur Courge (potiron...) Endive Épinard Fenouil Mâche Poireau Poivron Tomate	Avocat Châtaigne Coing Figue Kiwi Poire Pomme Raisin

En hiver

LÉGUMES	FRUITS
Céleri rave Chou Chou de Bruxelles Chou-fleur Endive Épinard Herbe (persil, cerfeuil, estragon...) Mâche Poireau	Ananas Avocat Clémentine Fruit exotique (kaki, goyave, papaye...) Kiwi Poire Pomme

Toute l'année

LÉGUMES	FRUITS
Ail Betterave rouge Carotte Pomme de terre Salade Oléagineux : amande, noisette, noix Soja (graines + produits dérivés = tofu, tempeh, etc.) Thé (surtout vert)	Citron Citron lime Orange Pomelo

TOFU

Issu des graines de soja, le tofu est une bonne manière de s'initier au monde des protéines végétales. Particulièrement bénéfique à la santé, il renferme divers composants aux propriétés bien diverses ; par exemple il participe au rééquilibrage hormonal, lutte contre le cholestérol et les maladies cardiaques, se révèle un très bon allié pour les personnes qui cherchent à maîtriser leur poids. Le tofu est de saveur très « neutre » lorsqu'il est nature : tout l'art de le cuisiner réside dans l'accompagnement...

VIANDE

La viande est saisie au wok, mais pas brûlée, ce qui éloigne le spectre des résidus toxiques, toujours présents lorsque des protéines animales sont malmenées. Comme il y a toutes les chances qu'en outre elle soit environnée de ses meilleurs amis les légumes verts, voire de quelques céréales, nous applaudissons des deux mains. Au final, une telle assiette n'a rien à voir avec celle qui contiendrait un steak grillé accompagné de frites ou de pâtes trop cuites.

VOLAILLE

Là encore, le wok rend hommage au canard, au poulet et à toute volaille de bonne qualité qui honorera votre table. Saisie et goûteuse à souhait, elle révèlera le meilleur de ses arômes. À condition de la choisir de qualité, c'est tout à fait indispensable. Le profil nutritionnel des volailles élevées en batterie n'est pas comparable avec celui des animaux évoluant en plein air. Et puis si vous optez pour un wok, c'est que vous aimez les bonnes choses, donc on vous fait confiance.

Index des recettes